Harvard Business Review Press

Harvard Business Review
Emotional Intelligence LEADERSHIP PRESENCE

人の上に立つということ

ハーバード・ビジネス・レビュー編集部 編
DIAMONDハーバード・ビジネス・レビュー編集部 訳

ダイヤモンド社

Emotional Intelligence
EI シリーズ

LEADERSHIP PRESENCE

HBR Emotional Intelligence Series

by

Harvard Business Review

Published by arrangement with Harvard Business Review Press, Brighton, Massachusetts
through Tuttle-Mori Agency, Inc., Tokyo

人の上に立つということ LEADERSHIP PRESENCE 目次

注

［日本語版に寄せて］

「自分のため」にリーダーになる

佐々木常夫マネージジメント・リサーチ代表　**佐々木 常夫**

時代の変化を受けてか、これからのリーダーとか、これからの経営に何が求められるのかとよく聞かれます。しかし、これからのことはわかりませんので、ここではただ、私がリーダーについて考えていることを皆さんにお伝えしたいと思います。

リーダーの定義とは何でしょうか。私はリーダーに定義などないのではないか、と思っています。高校時代、山岡荘八の歴史小説『徳川家康』を夢中になって読みました。全二六巻の大作で、信長、秀吉、そして家康と、さまざまな戦国武将の話が出てきます。それぞれ、世を治めようという志は同じですが、方向性もやり方もまったく違います。みんな違いますが、みんなリーダーをやっています。読みながら、リーダーの多様性を実感しました。

私は東レで三代の社長に仕えました。三人ともタイプがまったく違いましたが、それぞれに魅力的なリーダーでした。最初は前田勝之助。経団連の副会長になった人物です。恐い人でしたが、実行力のある経営者で、傾きかけていた会社の経営を立て直しました。次は平井克彦。繊維事業でずっと一緒に仕事をやってきましたが、正直で正義感あふれる紳士でした。最後は経団連の会長になった榊原定征。私が経営第一室長をやっていたとき、経営第二室長でした。研究畑出身でしたが、共に仕事をしながら経営を学び、ぐんぐん成長していきました。彼もまた個性あふれる魅力的な人物でした。

日本を代表する経営者、松下幸之助と本田宗一郎もタイプがまったく違います。松下さんは、「本を読みなさい。勉強しなさい」と、学問の大切さを熱心に説いています。一方、本田さんは、本を読むのが嫌いで、経営者向けの研修講師として登壇した際には、「皆さん、こんな研修に参加している暇があるなら、いますぐ現場に戻って仕事をしなさい。そのほうが経営の勉強になります」と言い放ったそうです。本田さんは、自分に欠けたところはすべてナンバーツーにやらせて、うまく補っていたようですが、それでも名経営者だったことには変わりません。

優れたリーダーとはどのようなリーダーなのか、リーダーが持つべき資質とは何か、など、リーダーやリーダーシップについてさまざまな研究が行われています。ですが、そうした定義から外れるリーダーもたくさんいます。一般的に、リーダーは「叱るより、褒めるべし」とか「暗いよりは明るくあれ」といったことが言われますが、たとえば、野球の野村克也監督は「ボヤキのノムさん」と呼ばれ、決して明るいタイプではなかったし、選手にも厳しい人でしたが、チームを何度も優勝に導いた名監督でした。

リーダーとは何か。それを探るため、私は古今東西、さまざまなリーダーについて調べましたが、見えてきたのはただ志を持って懸命に生きる人間の姿だけでした。リーダーの定義から外れたらリーダーになれない、などということはないのです。誰もが人とは違う強い部分、いい部分を持っているのですから、それを発揮すればいいだけなのです。

世の中で生きていくということは、全人格をさらけ出して生きていくということ。だから、教科書通りのリーダーを演じてみても始まらない。個性的で魅力的なリーダーたちの生きざまが教えてくれたのは、そうしたことでした。私は「リーダーというのは人それぞれで、定義などないのではないか。リーダーシップとは、一人ひとりの『生き方』によって生まれ、磨かれ、育っていくものなのではないか」という結論に至りました。

リーダーは一人ではない

とはいえ、組織の上に立つリーダーには、絶対に必要なものがあります。それは、とにもかくにも「仕事ができること」です。松下幸之助も本田宗一郎も野村監督も、仕事ができたからリーダーになったのです。それとともに「この人と一緒にやりたい」と思わせる魅力が必要です。「仕事ができて、魅力がある人」この二つがトップリーダーの条件だと思います。

なぜ、魅力が必要なのでしょうか。魅力というのは、性格がいい、人間性がいい、頭がいい、何でも構わないのですが、「この人と一緒にやりたい、この人のために働きたい」と思わせる魅力がないと、人を動かすことができません。人を動かせなければ、経営をうまくやることができないのです。

面白い話があります。東レの繊維事業を立て直した前田社長は、孫子の兵法ではないですが、正攻法だけが戦い方ではない、といった信念の持ち主でした。当時、米国企業のM&A案件が持ち上がり、現地で事前調査を行うことになりました。その際、第一陣の調査団には、「自分はこのM&Aに大賛成だから、賛成の理由を見つけてこい」と告げて送り出しました。その後、第二陣の調査団を送り込み、その際は「自分はこのM&Aに大反対だから、反対の理由を見つけてこい」と伝えていました。前田社長は、それぞれからの報告を受けてM&Aをするかどうかの判断をしていたのです。

部下たちに対しては、明らかに嘘をついていたわけですが、正しい経営をするためにやっていると考えれば、決して悪いこととは言えません。私はそばで見ていて「狡いけれど賢い人だな」と感じました。自信過剰で、部下を褒めることはなく怒ってばかり。決して付き合いやすい人ではありませんでしたが、戦略も実績もすばらしく、「ついていきたい」と思わせる魅力を持った人でした。

「経営をうまくやる」という意味では、金に汚い酷い人物ではありましたが、日産をV字回復させた当初のカルロス・ゴーンは、やはり「ついていきたい」と思わせる魅力があったように思います。彼は、日産リバイバルプランを策定し、現場から若手を起用してクロスファンクショナルチームをつくって議論させ、提案をまとめて実行させました。社員たちの力で改革を進めさせ、日産を立て直したのです。

「仕事ができて、魅力がある」リーダーは、フォロワーに勇気と希望を与えます。「このリーダーと一緒なら、自分もできるかもしれない。うまくいくかもしれない」と思わせて、フォロワーに力を与えるのです。しかし、ゴーン神話も長くは続かず、日産にまた混迷の時代が訪れました。

そう思うと、組織のトップリーダーというものは時代がつくり出すものとも言えます。誰が社長になるのかは、その会社の経営状況であったり、組織内の状態であったり、前の社長との関係であったり、さまざまな要因が関わりあって決まるもので、巡りあわせみたいなものです。そして、その時々に組織が求めるトップリーダーを生み出すためには、組織内に多様なタイプのリーダーを育てておかなければならないのだと思います。

実際のところ、事業経営は社長一人でできるものではありません。社長だけでなく、専務、常務、取締役がいて、事業部長がいて、部長や課長がいて、多くの一般社員がいて成り立っているものです。組織というのはカリスマ的なリーダー一人が君臨するたった一つの山ではないのです。孤高の富士山ではなく、アルプスのようにいくつもの山が連なる山脈なのです。大きな山、小さな山、さまざまな山があって、それぞれにリーダーがいて、チームで登っているわけです。持ち場によって、発揮するリーダーシップも異なります。課長や係長時代に小さなチームをまとめるリーダーシップを発揮する経験を積み、徐々にその範囲を広げていくことで、経営全体を見られるリーダーシップを発揮できるようになっていきます。

山は一つひとつ異なるし、登り方も人それぞれだけれども、誰もがそれぞれの持ち場でリーダーシップを発揮している。それを認めて、多様なリーダーを育てていこう、というのがダイバーシティの考え方です。男性も女性も、正規社員も非正規社員も、外国人もシニアも、みんな平等に尊重して経営をしていくということが組織の活性化につながるというのは、そういうことなのだろうと思います。たくさんのリーダーがいて、それぞれを認めていくことが総合的に組織の力になっていくのです。

ダイバーシティは男性の問題

いま、日本では「ダイバーシティ経営の元年」みたいなことが言われ、どうやって女性に活躍してもらうか、どうやって外国人に働いてもらうかなど、ダイバーシティ推進について盛んに議論されています。ですが私は、ダイバーシティというのは、女性の問題でも、外国人の問題でもなく、本質的には男性の問題なのだと思っています。

いまの日本企業というのは、基本的に、高度成長期以来続く日本人、男性、正社員という特定の人間像を想定した形で制度設計されています。しかし、いまや職場には女性、外国人、シニア層、非正規社員、障害者……多様な属性の人が働いています。多様な人それぞれに持てる力を発揮してもらわなければ成果を出すことができないのが、いまの時代。だからもう、昔ながらのワンパターンのやり方で、経営していてもうまくいくはずがないのです。日本企業がダイバーシティ経営を推進しなくてはならないのは、組織強化のための経営戦略なのです。

ところが、ダイバーシティ推進の話になるとたいてい、「女性が管理職になりたがらなくて困っている」といった話が持ち上がります。女性だけでなく、最近では若手社員が管理職、リーダー職になりたがらない、といった傾向もあるようです。当事者に理由を尋ねると、「管理職になると仕事が忙しくなり、大変そうだから」といった答えが返ってきます。

本当にそうでしょうか。私は「管理職は忙しい」「管理職は大変」というのは大きな誤解だと思っています。かつての東レは長時間労働のカタログみたいな会社でしたが、私は課長時代、毎日一八時に帰っていました。幼い子どもが三人いて、妻が三年間入院していたので、残業は一切できなかったからです。

なぜそんなことができたのか。それは課長だったからです。課長は自分で自分の仕事を決められる立場です。だから、メンバーたちにも仕事の見直しをさせ、無駄な仕事をやらせないようにし、全員が一八時に帰れるようにしました。やり方を変えることによって、メンバーも自分も楽になりました。これは管理職だからできたことなのです。

ですが、大部分の男性管理職は仕事のやり方を見直す必要性を感じていないため、無駄に長時間労働を続けています。「忙しい、忙しい。大変だ、大変だ」といつまでも残業が減らない男性管理職の姿を見て、女性や若手社員は昇格意欲を失います。「管理職になりたがらない」問題の原因は男性の側にあるのです。男性管理職が続けてきた愚かな働き方が、女性や若手をひるませていることを認識しなければなりません。変わるべきは、男性管理職のほうなのです。

こうした長時間労働を問題視し、残業を禁止するなど全社的に働き方改革を進めている、という企業は増えてきています。ですが、「来月からノー残業デーをやります」と言われても、変えるための仕組み、道具がなければ、現場は変わりません。道具も与えずにやるというのは、単なる精神論です。精神論で残業を減らすことはできません。残業を減らすためには、仕事のやり方を変えていく必要があるのです。そして、仕事のやり方を変えるには、そのための仕事術、スキルが必要です。

私は、管理職、リーダーが身につけるべきは、この「仕事のやり方を変える」スキルだと考えます。私は課長時代、仕事を定時に終えるやり方をメンバーたちに徹底指導しました。メンバーはそれを実践するようになり、最終的には全員、六十数時間あった残業が一桁になりました。こうしたスキルをしっかりと教えて訓練し、習慣にしていくべきだと思います。習慣になれば、各自が自分の仕事を工夫してやれるようになり、リーダー自身も楽になります。

「自分のため」にリーダーになる

リーダーの仕事というのは、半分は自分の成果を上げることですが、半分は周囲の人たちのモチベーション、エンゲージメントを高めることです。私が管理職として一番気にしていたのも、いかにしてチームメンバーのモチベーションを最大限にするか、ということでした。その際に大切なのは、できる人ばかりを引き上げるのではなく、できない人にもやる気を出させるようなことを考えて実行できるようにしてあげることです。それを周囲の人が見て、「この人はみんなを成長させようとしてくれている。みんなのことを考えてくれているのだな」と思えば、みんながやる気になります。

誤解のないように申し上げますが、これは「みんなのため、組織のため」にやるのではありません。あくまでも「自分のため」にやるのです。私は本当のリーダーになるためには、「自分のため」に徹したらいいのではないかと思っています。

リーダーとして成果を上げるためには、周囲の人たちの協力を得ながら結果を出していかなくてはなりませんし、自分自身を成長させなければなりません。ですが、仕事で結果を出すことも、自分自身を成長させることも、「みんなのため」に取り組まなければ、成し遂げることはできません。結局、「みんなのため」にやることは、自分が成果を上げるため、自分を成長させるためにやることなのです。

そしてそれは、自分を幸せにすることに他なりません。ですから、自分自身を心から認めたい、自分を好きになりたい、自分を成長させたい、幸せになりたい、そう思う誰もがリーダーをやるべきなのです。

「働く意味」とは何でしょうか。私は、働き方とは生き方のことだと思っています。最初に「人生をどう生きるか」ということがあって、その次に「どう働こうか」ということが出てくるものであり、「どう働こうか」が先ではないのです。その順序を間違えてはいけません。

では、皆さんは、何のために生きているのでしょうか。「世のため、人のため」という人もいますが、よく胸に手を当てて考えてみてください。本当は自分のため、自分が幸せになるため、ではないでしょうか。私は自分が大事です。だから、家族も大事だし、会社も大事。となれば、仕事はもちろん、上司も部下もお客様も、それを取り巻く社会も大事です。だからみんなを大事にする。そういうものではないでしょうか。

「世のため、人のため」といっても、それは巡り巡って結局、自分のため、自分の幸せのためになるのです。だからこそ、自分が幸せにならなかったら、まわりを幸せにできません。他ならぬ自分を幸せにしたいからこそ、自分が成長することや、何かに貢献することをやるのです。それがわかると、リーダーになることがどれだけ自分にとって幸せなことかがよくわかります。人のためになって自分のためになる。こんないいことはありません。

リーダーは人それぞれ。誰もがリーダーになれます。だから「自分の人生をどう生きるか」

をよく考えて、自分のためにリーダーをやってごらんなさい。これからのリーダーには、そうお伝えしたいです。

Harvard Business Review
Emotional Intelligence LEADERSHIP PRESENCE

1

エグゼクティブらしさは身につけられる

ジョン・ビーソン
John Beeson

"Deconstructing Executive Presence,"
HBR.ORG, August 22, 2012.

エグゼクティブらしさはどこから来るのか

企業のCスイート（最高○○責任者）を目指す管理職に、それを実現するために何が必要かと尋ねてみると、口をそろえて「エグゼクティブ・プレゼンス」だと言う。だが当人たちは、その意味するところを必ずしもよくわかっていない。

少し前に私は、企業内で幹部人事を担当する上級幹部数名に対して、オフレコのヒアリングを実施したことがある。Cスイートに昇進させるか否かを左右する要因を尋ねたところ、挙げられたいくつかの判断基準の一つにエグゼクティブ・プレゼンスが含まれていた。しかしながら、経験豊かなこれらの上級幹部たちでさえ、その言葉を明確に定義できず、なぜそれを持つ者と持たない者がいるのかを説明できなかった。

ますます多様化するこの社会では、上級幹部はもはや、俳優斡旋会社から送り込まれたような身長一八八センチの男性ばかりではなくなった。さて、堂々としたエグゼクティブ・プレゼンスはどうしたら身につけられるのだろうか。服装だろうか、それとも力強い握手か。それらも大事ではあるが、すべてではない。

エグゼクティブ・プレゼンスとはある程度直感的なもので、明確に定義するのは難しいが、究極的には「成熟した自信を醸し出す能力」だろう。この人ならば困難で予測不能な状況をコントロールし、難しい決断を迅速に下し、他の優秀で頑固な幹部たちにも引けを取らない、というイメージだ。

このようなイメージを反映した自信を周囲に示すには、どんなスタイルや行動、態度を組み合わせればよいのだろうか。そのヒントを得るために、三人の優れたマネジャーの例を見てみよう。うち二人は幹部の地位を勝ち取れず、一人だけが昇進を果たした。

フランク・シモンズは、どのマネジャーも自分のチームにほしいと思うような人材だった。豊かな経験を持ち、成果主義で、協調性に富み、会社への忠誠心も厚いフランクは、何年も前から幹部候補に挙がっていた。が、結局昇進することはなかった。

自身の専門分野ではトップレベルの業績を上げていたが、フランクはいつも「よれよれした」印象で、少し猫背だった。経営陣へのプレゼンテーションには常に準備万端で臨んだが、その身振り手振りには落ち着きのなさが表れていた。普段の話しぶりは明瞭なのだが、プレゼンになると長ったらしくまとまりを欠いた。質疑応答では、幹部たちに対して必要以上に慇懃《いんぎん》になり、幹部同士の議論が始まると、気後れして割って入ることができなかった。ある上級幹部はひそかにこう打ち明けた——「フランクは会社にとってかけがえのない存在だが、お客さんの前に出したいとはどうしても思えない」。

アリシア・ウォレスは熟練のマーケティング担当マネジャーで、これまでの任務をすべて成功させてきた。ところが、幹部職にふさわしい有望人材を会社が選ぶ段階になると、いつも選から漏れた。マーケティング担当の上級幹部たちは彼女を気に入り一目置いてはいたものの、次のレベルに上げようという気にはなれなかった。

その理由は、アリシアがあまりにルーズであったからだ。会議の時間に遅れ、書類を乱雑に抱えて慌ただしく駆け込んでくる彼女を見て、周囲は「やっぱりアリシアだね」とささやく。これは取るに足らない、些末なことだろうか。そうかもしれないが、上の人たちの心証を悪くする。いまより大きな組織を管理し、優先度の高い課題に集中して取り組む余裕が彼女にあるのか、疑問を持たせることになったのだ。

マネジャーを二〇人集めた会議室で、法務部のリディア・テイラーはけっして目立つ存在ではない。だが、ひとたび会話が始まれば、それは一変する。口調が柔らかく、押しが強すぎない彼女は、仕事で付き合いのある同僚と幹部から一目置かれていた。

リディアには並外れた「聞く力」があり、どのタイミングで会話に入り自分の意見を述べるべきかを感覚的にわかっていた。物腰は落ち着き、率直で、どんな場合でもうろたえず、周囲が感情的になっても冷静さを保った。難しい状況では、とぼけたユーモアで場を和ませた。人から挑戦されても真っ向から反撃したりせず、毅然とした態度を貫いた。社内顧客には支援を惜しまなかったが、会社をリスクにさらすような考えを推し進める相手には手厳しく対応する覚悟があった。結果として、リディアは次期ゼネラル・カウンシル（法務担当役員）の最有力候補に選ばれ、後継者として育て上げられた。

自信と覚悟があれば、あとは身につけられる

ここで、昔から議論されてきた問題を考えてみよう。エグゼクティブ・プレゼンスは、はたして後天的に身につけることができるのだろうか。答えはイエスだ。ただし、基本的な自信を持っていること、そして予測不能の事態――経営幹部の仕事には付き物だ――に対処する覚悟

を持っていることが条件である。

では、まず基本から押さえておきたい。あなたの服装や身だしなみ、醸し出す自信について、忌憚のないフィードバックをくれる、信頼できる人を数人見つけよう。すでに述べたように、服装や身だしなみはすべてではないが、目立ったマイナスがあれば見過ごすべきではない。

ある非常に優秀な女性マネジャーは、同僚からひそかに「古くさい女教師」のような身なりだと言われていた。別の猛烈型のマネジャーは、一昔前の「中古車セールスマン」のようだと形容されていた。こうした表現は喜べないものだが、無視してよいものでもない。中古車セールスマンを信用する人は少なかったし、古くさい女教師はリスクを恐れない姿勢や創造性とはあまり結びつかない。どちらも、経営幹部としてイノベーションや変革を導くうえで核となる資質を示す際にマイナスである。

そして、プレゼンテーションのスキルを磨こう。人前で話すことは幹部の重要な仕事だが、それだけではない。他の幹部たちや大人数の聴衆を前にして、堂々と立ち発言する能力は、その人物がどれだけプレッシャーに強いかを示すと見なされることが多い。大きなプレゼンの前には、落ち着いて話せるようになるまでリハーサルし、質疑応答の部分には特に注意しよう。

質問された時の物腰、そして素早い受け答えが自信の程度を表すからだ。

最も重要なのは、幹部として発言するための武器を見出すことだ。つまり、自分ならではの能力を見極め、それを徹底的に活用するのだ。生来の人当たりの良さで、場を自分のものにできる人もいる。リディア・テイラーのように、聞く力やタイミング、相手の激しい感情に流されない冷静さを武器にする人もいる。

ますます多様化するこの世界では、人それぞれに異なるエグゼクティブ・プレゼンスがあるだろう。しかしどの人にも共通することがある。困難な局面でリーダーの地位をつかむためには、他者の信頼を勝ち取ることが不可欠なのだ。

ジョン・ビーソン（John Beeson）
ビーソン・コンサルティング社長。後継者育成、エグゼクティブ育成、組織設計を専門とする。

リーダーとして最初に考えるべきこと

2

Harvard Business Review
Emotional Intelligence
LEADERSHIP PRESENCE

エイミー・ジェン・ス
Amy Jen Su

"How New Managers Can Send the Right Leadership Signals,"
HBR.ORG, August 08, 2017.

価値観に基づいた目標を設定する

職業人生のなかで最もわくわくする変化、そして不安を感じる変化は、自分のことだけを考えていればよかった立場から、人を管理しなくてはならないマネジャーへと立場が変わる時ではないだろうか。

この時、あなたが部下について何を考えるか、何を語るか、部下に自分をどう見せるか――すなわち、あなたのリーダーシップ・プレゼンスは、部下に直接の影響を与える。

新任のマネジャーとして、自分らしさを損なうことなく、チームや同僚に良い影響を与えるリーダーシップ・プレゼンスを発揮するにはどうすればよいだろうか。

部下とのつながりを保つ、嘘偽りのない存在感は、リーダーの内面から始まる。あなたが自分の役割をどう定義し、何を大切にしているのかが、一緒に働く人たちに以心伝心で伝わるようにしよう。

新しくマネジャーになる時は、まず、自分はどんなリーダーか、どんなリーダーになりたいのかをよく考えよう。求心力を発揮する、指針となる目標を設定しよう。この点について、ある新任マネジャーは次のように語る。

「私のプロフェッショナルとしてのリーダーシップの目標は、誠実で人の心がわかるマネジャー、人々の心のなかにある立派な仕事をしたいという願いに火をつけるようなマネジャーになることです」

また、ラム・チャラン、ステファン・ドロッター、ジェームズ・ノエルが共著『リーダーを育てる会社・つぶす会社』(注1)にこのように書いている。

「これはリーダーという役割に就くためのごく自然な簡単な道筋のように見えるかもしれないが、多くの人が、ここでいきなりつまずいてしまう。(中略)自らの行動や価値観を変えることなく、個人プレーヤーからマネジャーに移行してしまうからだ」

「リーダーはまず、部下のために時間をつくること、プランニングやコーチングなどのために時間をつくることが、自分に必要なタスクであり責任であることを肝に銘じなければならない。それ以上に強く自覚する必要があるのは、自分が成功するためには、自分が何をするかより、部下が何をするかのほうが重要であり、そのために働くのがリーダーとしての使命だという認識である」

EI（感情的知性）と状況認識力を高める

マネジャーになると、部下を動かしてより多くの仕事を完了させることが仕事になる。そのためには、自分を動機づけ自分に影響を与えるものと、部下を動機づけ部下に影響を与えるものは同じではないことを認識する必要がある。

部下と接する時や、チームで集まる時には、次のようなことを自分に問いかけてみよう。

- 相手は誰なのか。
- いまから扱うトピックを、彼らはどう認識しているか。
- 彼らを動機づけ、彼らに影響を与える最善の方法は何か。
- 現在の状況は私たちに何をすることを求めているか。
- 望みうる最適な結果、共通認識は何か。

こう問うことで、マネジャーの仕事は、あらゆる問題に効く万能の解決策を見つけることではないと意識できる。言い換えれば、リーダーシップ・プレゼンスとは、「あれもこれも」と「あれかこれか」のせめぎ合いと言うこともできる。

効果的なリーダーシップ・プレゼンスのためには、一方では嘘偽りのない自分、進むべき方向を指し示す明確なコンパス、中核的な価値観や信念など、ふらふら動いてはならないものを明確に示すことが必要だ。

だがその一方で、状況に応じた機敏な動きや、さまざまなコミュニケーションの機会とテクノロジーを利用して多様な人々と良好なつながりを維持できる能力を示すことも必要である。

部下に敬意を払い、明確で率直な態度で臨む

リーダーになればさまざまなタイプの人と交流する機会が増える。効果的なリーダーシップを発揮するには、部下との連帯感を保ち、部下に敬意を示しながら、言うべきことは明確かつ率直に言うスキルを身につけ、実践する必要がある。

リーダーシップとはダイナミックで流動的なものであり、部下との間で双方向の対話を行わ

なければならない。自分の意見は率直に述べつつも、相手の意見や視点も理解して受け入れ、共通の目標、最良の結果と解決策を探る必要がある。

自分の意見をしっかり伝え、他の人の意見に耳を傾けるのに役立つ方法をいくつか挙げておこう。

自分の考えを整理する

相手の意見を聞いて理解するのが得意な人は、自分の信念や主張を把握する能力を引き上げる努力をするとよい。重要な会議や会話の前に、議題についての自分の考えの要点を、三～五項目の箇条書きにして頭に入れておこう。

尋ねる、聞く、認める

逆に、自分の意見を主張するのが得意な人は、相手の意見に耳を傾ける余裕を持つために忍耐心を強化しよう。適切な質問を投げかけたり、相手の話を復唱したり、自分はこう理解したという形で要約するなどして、しっかり聞いていることを相手に示そう。

そのような態度で意見を交わした結果、次のように言う場面が訪れるかもしれない。「その情報は知りませんでした」「あなたの話を聞いて、問題の見方が変わりました」「考えが変わりました」

あるいは、次のように言って話を終わらせなくてはならないこともあるだろう。「あなたの考えを私なりに理解したつもりですが、同意することはできかねます。見解の相違があることがわかりました。今日のところはここまでにしましょう」

WHYを共有する

新任マネジャーとして、自分のビジョン、優先順位、期待、フィードバック、要望などの背景にある「なぜ」(WHY)を伝えることも重要だ。恐れや遠慮でメッセージを薄めてはいけない。むしろ文脈(コンテクスト)についてより多くを語ることで、発するメッセージを強化することが大切だ。会社全体が目指している結果や専門的な問題について何かを伝える時は、自分の部署の日常的な活動に落とし込んで話すようにしよう。

たとえば、ある人の仕事ぶりについて指導的なフィードバックをする際には、次のような背景にある文脈を踏まえて説明するなどである。「私たちの会社は急速に成長しているので、あなたにはぜひ一歩先、一段上を目指してチャレンジしてほしい。たとえばこんな機会が……」あるいは、野心的なビジョンを語ってメッセージを強化することもできる。「このチームをみんなの力でナンバーワンにしたいのです。そのために、やってもらいたいことは……」

困難な状況下では安定感と落ち着きを示す

仕事がうまくいっている時や、嬉しいことがあった日には、リーダーとして効果的な存在感を示すのはさほど難しくない。しかし、新任マネジャーは、次のことを自分自身に問いかけることが重要だ。

「私がストレスを感じ、疲れを覚え、締め切りに追われているような状況の時、部下たちはその状況をどう認識し、どう感じているのだろう。悪い知らせがあった時、彼らはそれをどう受け止めているのだろう」

リーダーの一瞬の怒りやいらいら、不誠実な取り繕いなどは一過性のことだと思うかもしれないが、最終的にはチーム全体の士気やエンゲージメントに悪影響を及ぼす可能性がある。ダニエル・ゴールマンは、著書『EQリーダーシップ』(注2)でこう書いている。

「簡単に言えば、あらゆる人間の集団において、リーダーは全員の感情を動かす最大の力を持っているということだ。リーダーが自分の気分の浮き沈みにどう対処するかは、全員のムードに影響を及ぼす。リーダーの感情はリーダーのプライベートな領域に留まるものではなく、最終的には企業の業績に結び付くほど重要な要素なのだ」

リーダーが情緒的に安定し、いつも冷静に判断していれば、部下は安心して情報を上げることができ、悪いニュースでも隠し立てしなくなる。それがリーダーにとって、手遅れにならないうちに障害を取り除き、優先順位をリセットし、チームを再び軌道に乗せるのに役に立つ。エイミー・エドモンドソンの研究によると、組織に心理的安全性や説明責任を促進する環境や文化があれば(多くの場合それは、マネジャーによって設定される)、チームの学習とパフォーマンスが最適化されることがわかっている。

新任マネジャーとして大きな役割と責任を担った時、地に足の着いた存在感を保つためには、自分にとって正しい優先順位を設定し、リーダーとしての仕事の総量を管理するための戦略を持つことが重要だ。

初めて管理職になるというのは、キャリアのなかで重要な通過点だ。期待と不安で落ち着かないだろうが、気持ちを整えて自分を見つめ、リーダーとして望ましい考え方や話し方や振る舞いができているかを考えてみよう。

そして、自分の価値観に基づいてリーダーとしての目標を設定し、ＥＩと状況認識力を高め、部下への敬意を忘れることなく率直に接し、困難な状況のなかでも落ち着いた存在感を保つ方法を見つけよう。

＊　＊　＊

リーダーは、謙虚さゆえに、自分が部下に及ぼす影響を過小評価しがちだが、その認識は間違っている。クレイトン・クリステンセン教授が、いまや古典的価値を有する『ハーバード・ビジネス・レビュー』（ＨＢＲ）の論文「プロフェッショナル人生論」(注3)で次のように書いている。

私の心の目に、自尊心に満ちあふれた部下のマネジャーの一人が、朝、家を出る姿が浮かんだ。それから一〇時間後に、同じマネジャーが、自分は正当に評価されていない、悔

2. How New Managers Can Send the Right Leadership Signals

しい、十分に活躍させてもらえない、しかもバカにされた、と感じながら家族の元へ帰っていく姿が目に浮かんだ。そして彼女の自尊心が傷ついたために、子どもたちとの関わり方に大きな影響を与えたであろうと想像をめぐらせた。

私の心は別の日に飛び、彼女が自尊心に満ちあふれて家に帰る姿を思い浮かべた。彼女は多くのものを身につけ、価値あることを成し遂げたと周囲に認められ、重要なプロジェクトの成功に中心的な役割を果たしてきた、と感じていた。そして私は、それが妻としてまた親としての彼女にどれほどよい影響を与えたかを想像した。

つまり、私の結論はこうだ。マネジメントとは、正しく実践すれば、最も尊い仕事の一つである。人が学び、成長し、責任を担い、成果を認められ、チームの成功に貢献することを、これほど多くのやり方で手助けできる仕事はほかにない。

エイミー・ジェン・ス（Amy Jen Su）
エグゼクティブのコーチングとリーダーシップ開発を手がける、パラヴィス・パートナーズ共同創業者。

3

人を動かすリーダーに必要なこと

レベッカ・シャムボー
Rebecca Shambaugh

"To Sound Like a Leader, Think About What You Say, and How and When You Say It,"
HBR.ORG, October 31, 2017.

相手の文脈やニーズを踏まえているか

ナンシーは、二カ月あまり取り組んできた重要なプロジェクトについて、いよいよ経営幹部チームに説明することになった。

当日の朝には、準備万端の手応えを感じていた。プレゼンテーションのためのスライドの操作は何度となく練習したし、話の隅々まで暗記するほど頭にたたき込んでいた。あらゆる質問を想定して、答えもぬかりなく用意した。

会場に早めに入り、不安を感じながらも出番を辛抱強く待った。会議が始まって数分後、共同議長の一人であるジャックから、自分の番が来たことを告げられた。

ナンシーは熱を込めてプレゼンを始めた。細心の注意を払い、リハーサル通り聞かせ所を強調した。話しながら、我ながら上出来だと感じられ、しっかり準備をしておいてよかったと安堵さえ感じた。

ところが、肝心の提言に移ろうとした時、突然ジャックに遮られた。

「ナンシー、あなたがプロジェクトに注いでくれた努力には感謝します。しかし、私たちが必要としているものとは違うようです。今日この会議のテーマである事業目標においても、直接のつながりが感じられません」

ナンシーは力なく着席し、黙りこくって残り時間をやりすごすしかなかった。会議が終わるのを待ちかねたように部屋を飛び出した。

輝かしいキャリアの転換点になると期待していたイベントが暗転してしまったのは、なぜなのか。頭のなかで疑問がぐるぐると渦を巻いていた。

どうして、こんなことになってしまったのだろう。

それは、プレゼンを準備する際、相手のニーズや文脈を踏まえて戦略的に考えることをせず、自分が言いたいことだけを並べ立ててしまったからだ。

どれほど優秀なマネジャーやリーダーであっても、会話や面談、あるいは会議やプレゼンで、自分が果たすべき役割を正しく把握していないという失敗を犯すことは、決して珍しいことではない。

戦略的に設計されたエグゼクティブ・ボイスを開発し、それを伝える方法を学ぶことで、ナンシーのような失敗を避けることができる。

「エグゼクティブ・ボイス」とは何か、なぜ必要なのか

リーダーとして何を言うか、どのように言うか、いつ言うか、誰に向かって言うか、それを適切な文脈で言えるか——そうしたことの総体を「エグゼクティブ・ボイス」という。少人数のチームリーダーであれ、大企業の経営幹部であれ、エグゼクティブ・ボイスは、リーダーとしての潜在能力を最大限に発揮するための重要な要素だ。

部下に信頼され、影響力を与えたければ、エグゼクティブ・ボイスに磨きをかけ、会話や会議のなかで相手に果たしてもらいたい役割を簡潔に伝えなければならない。

エグゼクティブやシニアリーダーと対話する際には、とりわけ気をつけるべきだ。専門用語を避け、少ない言葉数で効果的にポイントを押さえ、わかりやすく伝えることも、重要な要素である。

これらすべてがエグゼクティブ・ボイスの強化につながる。エグゼクティブ・ボイスの質は、リーダーとしての仕事の成果そのものというよりは、戦略的直観力、文脈（コンテクスト）の理解力、日々のコミュニケーションのなかで自分が発しているシグナルについての自覚などに

よって決まる。

エグゼクティブ・ボイスは、その姉妹属性であるエグゼクティブ・プレゼンスと同様、見たり触ったりできないので定義が難しい。だが現実問題として、誰でも他者とコミュニケーションする際に、自分好みのスタイルというものがある。したがって、文脈に応じて意図通りに適切なエグゼクティブ・ボイスを使えるかどうかは、コミュニケーションやリーダーシップの成否を分かつ重要な要因になる。

エグゼクティブ・ボイスを持つことで得られる重要な結果の一つは、人を動かすリーダーになれるということだ。

多くの経営者から、将来性を感じさせる人材がいるのだが、戦略的リーダーとしての能力に欠けているように感じる、という悩みを聞かされる。この種の話を聞かされた時、私はその懸念に潜む考え違いをやんわりと指摘する。リーダーシップ能力がないのではなく、能力はあるが活用できていないことが問題なのだ。

リーダーになる準備ができていない部下を抱えて困っている人や、自分自身にリーダーとして必要なエグゼクティブ・ボイスが十分に備わっていないと感じている人は、以下のアドバイスを読んでほしい。これらは、戦略的に強化する方法として、私が男女を問わずエグゼクティブに対して頻繁に行っているアドバイスである。

文脈を理解する

会議中、まだ自分のなかでまとまっていないアイデアを話し始めてしまったり、相手があなたのアイデアを求めているのに発言できなかったり、話の流れから逸れたことを口走って冷ややかな視線を感じたという経験はないだろうか。そういうことがよく起こる人は、何が原因なのだろう。

結論を言うと、電話であれ、会議であれ、ディスカッションであれ、そのようなテクニカルな失敗は、文脈を理解していないことに原因がある。

たとえば、その会議のテーマや課題について最もよく知っているのがあなたであれば、自ら会議をリードし、最終的な決定を下すことが求められるだろう。それが文脈というものだ。

しかし、そういう参加者が複数いて、あなたはそのなかの一人という場合は、スポットライトを一人占めするのではなく、自分の考えを述べ、他の人の考えとすり合わせ、協力してしかるべき結論を見出すのがあなたの役割ということになる。

あるいは、あなたがそのテーマについては勉強中で、そもそも会議で発表することを求められていないなら、人の話を聞き観察するのがあなたの役割ということになる。

打ち合わせやイベントで自分に期待されている役割を事前に把握しておけば、それにふさわしい準備をすることができるし、文脈から逸れることなく話をすることができる。

ビジョナリーになる

自分の機能や役割を意識しすぎてエグゼクティブ・ボイスを活かせないこともある。戦略的リーダーは広い視野で先を見る。自分自身に焦点を当てず、組織全体に焦点を当てた大局観を持っている。ビジョナリーであるためには、組織の将来像を生き生きと語り、変革の道筋を説明する能力を身につけることが必要だ。

そうした高次のビジョンは、個人にとっても企業にとっても意思決定の指針となる。あなたの意思決定が部下や組織全体にどのような影響を与えるかを示すために、あなたの提案をわかりやすく体系立てて伝える努力をする必要がある。

戦略的な関係を築く

戦略的思考を構築するための最良の方法の一つは、具体的なビジネス目標を念頭に置き、そのために活かせる人間関係を築くことだ。自分のレベルでは得られない戦略的視点を持つシニアリーダーやエグゼクティブを味方につけるということだ。

幅広い戦略的関係を築き、それを維持・強化するために配慮することで、日々の業務をこなすだけの働き方から卒業できる。忙しい日々を送っていると、幅広い人間関係を築くことの重要性を見失いがちだが、しっかりしたエグゼクティブ・ボイスを身につけるためには、自分の役職や専門分野以外にも知識を広げることが大切だ。

エグゼクティブ・ボイスを身につけるために、毎週少なくとも一人、自分のチームや職能分野以外の人にアプローチして話をするとよい。そして、以下のことを把握するよう努めよう。

- 彼らは事業全体にどう関与しているか。
- 彼らの目標と課題は何か。
- 彼らを支援するために自分には何ができるか（それによってビジネスパートナーとなる）。

問題を指摘するだけでなく、解決策を提示する

業界も性別も経験も異なる、さまざまなエグゼクティブを対象にコーチングを行うなかで、多くの人が、課題を指摘するだけで解決策を提示しない相手に不満を感じていることを実感している。

説得力のあるエグゼクティブ・ボイスでリーダーシップを発揮するには、評論家のように問題を指摘するだけでなく、問題解決の道筋を提示することが必要である。

意見交換や会議に臨む時、事前に必要な準備をしておけば事態の一歩先を行くことができ、状況に戦略的に対処することができる。事前に自分だけのブレインストーミングをして、人が思いつかないような斬新なアイデアを用意しておくとよい。完璧な答えは出せなくても、賢い解決策を考え出す力があることを示すことはできるはずだ。

プレッシャーがかかる状況下でも、冷静さを保つ

効果的なエグゼクティブ・ボイスを持つ人は、めったなことで動揺しない。あなたは、周囲が冷静さを失っている時でも——いや、そんな時にこそ——冷静なリーダーシップを発揮でき

るだろうか。

どんなにストレスを感じていても、感情に振り回されるのではなく、事実に立脚し続けることができれば、力強いエグゼクティブ・ボイスでチームを引っ張っていくことができる。

＊　＊　＊

自分のエグゼクティブ・ボイスの欠点を発見し、それを認めるのは気が進まない作業かもしれない。あるいは、部下のためを思ってそれを指摘しても、ただ反感を買って終わるかもしれない。

しかし、自分のためであれ、他の誰かのためであれ、コミュニケーションの場で最も効果的に貢献できる方法を事前に考えておくことには多大な価値がある。

その場に参加するのにふさわしいスタイルを見極めておけば、周りが見えないまま暴走してしまう事態を避けることができ、どんな展開にも正しく対処できるようになる。

レベッカ・シャムボー（Rebecca Shambaugh）
著述家、世界的に定評のあるリーダーシップ専門家、基調講演者。グローバル・リーダーシップ開発の専門機関シャムボーのプレジデント。また、ウィメン・イン・リーダーシップ・アンド・ラーニング（WILL）の創設者でもある。

Harvard Business Review
Emotional Intelligence
LEADERSHIP PRESENCE

4

温かいリーダーか、強いリーダーか

エイミー・J・C・カディ
Amy J.C. Cuddy
マシュー・コフート
Matthew Kohut
ジョン・ネフィンジャー
John Neffinger

"Connect, then Lead,"
HBR, July-August 2013.

リーダーの二つの資質

愛される人になるべきか、それとも恐れられる人になるべきか。

イタリアの思想家ニッコロ・マキャベリは、五〇〇年前に時代を超越したこの難題に挑み、次のような保険つきの答えを出した。

「誰もがその両方を兼ね備えていることが望ましいと答えるだろう。しかし、一人で二つを併せ持つのは難しいということを考慮すると、愛されるよりも恐れられるほうが、はるかに安全である」

だが今日の行動科学は、そうとばかりは言えないとする研究結果に傾きつつある。私たちが他者、特にリーダーについて判断する時、まず二つの特徴に注目する。愛すべき点（温かさ、共感力、信頼性）と、脅威となる点（強さ、主体性、能力）である。

両者の適切な呼び方については多少の議論があるにせよ、この二つの特徴が社会的評価の重要な側面であるという点で、研究者らの意見は一致している。

これらの特徴はなぜ重要なのだろうか。それは人々が抱く二つの重要な疑問、つまり「この人物は私にどんな影響を与えようとしているのか」、そして「この人物にそれを実現する能力があるのか」という問いの答えとなるからだ。

私たちが他者や他の集団、ひいてはブランドや企業に対して感情的・行動的なリアクションを返す際には、こうした評価が土台になる。(注1)

本稿執筆者の一人であるエイミー・カディが、プリンストン大学教授のスーザン・フィスク、ローレンス大学教授のピーター・グリックとともに実施した研究によると、周りから「能力は高いが温かさがない」と評価される人物は、尊敬と反感が入り交じった嫉妬の感情を持たれがちで、それが吉と出ることもあれば凶と出ることもある(**図表4-1**「リーダーのスタイルによって変わる人々の反応」を参照)。

私たちは尊敬する人物に対し、協力したいとか仲間になりたいという気持ちを抱く。しかし、そこに反感が混じった場合、辛辣な反応を返す可能性もないとは言えない(たとえば、汚職の罪に問われた元タイコ・インターナショナルCEOのデニス・コズロウスキを考えてみよう。彼は過度にぜいたくな暮らしぶりから、共感しがたい有名人と思われていた)。

一方、「温かさはあるが能力がない」と評価される人物は、憐憫の感情を持たれる傾向があ

図表4-1：リーダーのスタイルによって変わる人々の反応

エイミー・カディ、スーザン・フィスク、ピーター・グリックの調査によると、リーダーが示す温かさと能力のレベルに応じて人々が抱く感情が変化し、リーダーがその環境で発揮できる影響力の強さも決まる。

たとえばあなたが、能力は高いがあまり温かさが感じられないリーダーの場合、人々はあなたの指示には従うだろうが、真に献身的な働きやサポートを期待することはできないだろう。

もしあなたが温かさをまったく示さないリーダーの場合、あなたの努力（ひいてはキャリア全体）を妨害しようとする人物の出現に気をつけたほうがよい。

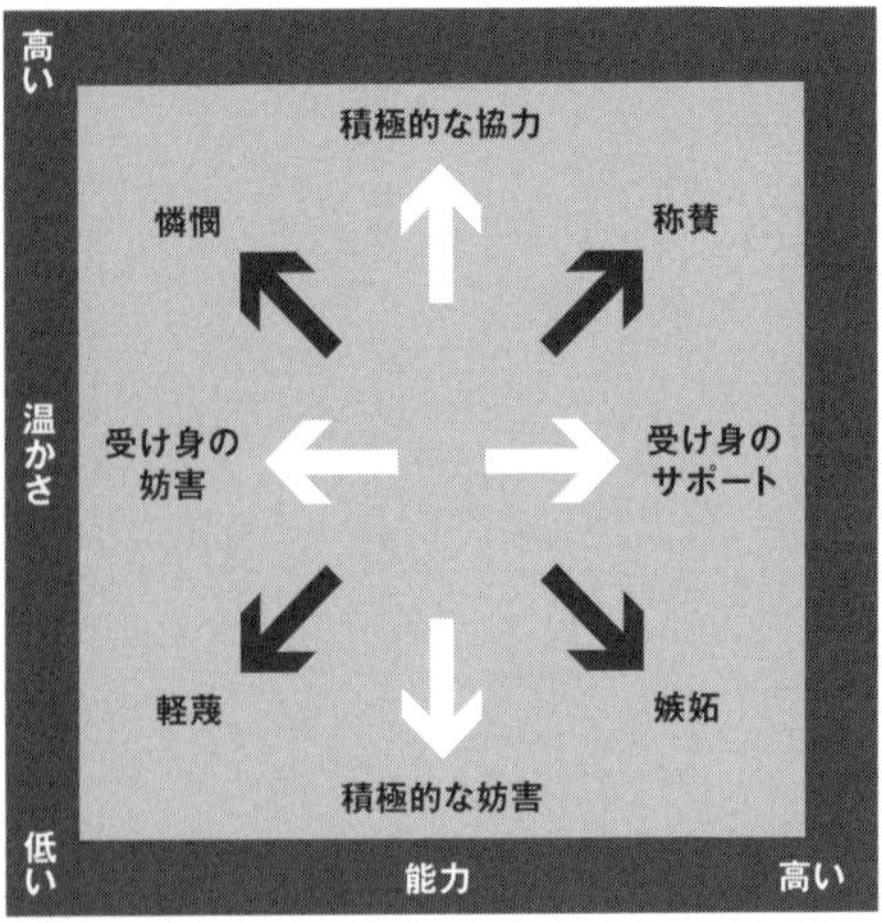

る。こちらもまた、複雑な感情である。

気の毒な人を助けたいという思いやりの心は私たちを行動に駆り立てるが、そこに敬意がなければ、最終的には彼らをないがしろにしてしまうことになりかねない（たとえば、退職間際で除け者にされている社員や、業界が急速に進歩しているにもかかわらず時代遅れのスキルしか持たない社員のことを想像してみるとよい）。

もちろん、私たちはこれ以外にも他者のさまざまな性質に目を留めるが、それでも「温かさ」と「強さ」以上に影響力の強いものはない。実際に心理学の分野では、他者に対するプラスまたはマイナスの印象を決定する要因の九〇%以上が、この二つの特徴に関連すると考えられている。

それでは、愛される人と強い人の、どちらが望ましいのだろうか。今日のリーダーは、職場における自身の強さ、能力、資質を強調する傾向がある。だが、これは完全に間違ったアプローチだ。

信頼関係ができる前にリーダーが強さを誇示すれば、相手は恐怖に陥り、組織の機能を損なう行動が多発するおそれがある。恐怖心は認知面のポテンシャルや創造力、問題解決能力を蝕むため、社員は身動きが取れなくなり、場合によっては職務から脱落してしまうかもしれない。恐怖とは「激しい」感情であり、その影響はなかなか消え去らない。「穏やか」な感情とは違って私たちの記憶に焼きつくのである。

この点について、リーダーシップ開発のコンサルタントであるジョン・H・ゼンガーとジョセフ・R・フォークマンが核心を突く研究をしている。

五万一八三六人のリーダーを対象に調査したところ、好感度が下から四分の一以下で、なおかつ総合的なリーダーシップの有効性が上位四分の一以上に該当するリーダーは、二七人しかいなかった。言い換えると、みんなにひどく嫌われている人物が、優れたリーダーという評価を受ける可能性は、わずか二〇〇〇分の一ほどだということだ。

影響力を発揮して人を統率するためには、まずは温かさを示すことから始めるべきだと示唆する研究が増えている。温かさのある態度は、信頼の構築やコミュニケーションを円滑にし、アイデアを引き出しやすくするという意味で、影響力を発揮していくうえでの通路となるのである。

言葉以外のちょっとしたシグナル——たとえばうなずいたり、ほほえんだり、オープンな姿勢を見せたりする——だけでも、あなたがその会社で楽しく働いていて、みんなの心配事を聞く準備があるということを社員に伝えられる。

このように、温かさを優先すると、周りの人々と短期間に心を通わせやすくなり、あなたがみんなの声に耳を傾けていること、彼らを理解していること、信用に足る人物だということを表すことができるのである。

強さを第一にした場合

私たちの多くは、自分の能力を証明するために懸命に仕事をしている。誰もが自分の強さを実感したいと考え、周りからもそう見られたいと思っている。

たとえば、強さをじゃまするものを回避しようと神経を使い、能力の証明になるものをふんだんに用意する。そして、自らが職務に適任であることを証明しなければならないという強迫観念に駆られ、会議で最も斬新なアイデアを出し、先陣を切って困難に立ち向かい、誰よりも遅くまで仕事をしようと躍起になっている。

この方向性の正しさを信じて疑わない私たちは、自分が信頼に足る人物であることを証明する必要性に気づかない。しかし、実際に人が他者を評価する時に最初に注目するのは、その人が信頼できるかどうかという点なのだ。

組織心理学者であるエアランゲン・ニュルンベルク大学教授のアンドレア・アベルとグダニスク大学教授のボグダン・ボイチシケは、この現象をさまざまな状況下で調査している。

ある実験では、能力に関連したスキルの研修（時間管理術など）と温かさに関連したスキルの研修（社会貢献の方法など）のどちらかを選ぶよう参加者に指示したところ、ほとんどの参加者が、自分が受講したい研修には能力に関するものを選び、他者に受講させたい研修には温かさに関連するソフト・スキルを選んだ。

また別の実験では、自分の人物像をよく表す出来事について話してもらったところ、ほとんどの参加者が自分の能力や決断力を示すエピソードを持ち出した（「パイロットの資格試験に一発で合格しました」など）。ところが他者について同じように話してもらったところ、その人物の優しさや寛大さに注目したエピソードが多かった（「私の友人は近所の子どもに数学を教えているのですが、けっして謝礼を受け取ろうとしません」など）。

しかし、能力を最初に押し出してしまうと、リーダーシップの面ではマイナスになる。信頼関係の基盤が構築されていない場合、たとえ組織の人々が表面上はリーダーの要求に従ったとしても、心から同調する――組織の価値観、文化、ミッションを真摯かつ持続的に自分のものとする――可能性はかなり低い。

信頼関係のない職場では「自分の身は自分で守る」ことが原則となり、各自が自分の利益の保護に神経をとがらせることになりがちだ。また、他者に手を貸しても見返りや評価につながる保証がないため、そうした行為に消極的になる可能性もある。その結果、組織での共有する資源が「共有地の悲劇」の犠牲となってしまう。

温かさを第一にした場合

私たちの多くが強さを示すことに熱心だが、他者が私たちを評価する時には、温かさの影響がはるかに大きい。しかもこちらのほうが能力よりも先に評価されるのだ（**囲み**「温かさが強さに勝る場合」を参照）。

プリンストン大学教授で社会心理学者のアレックス・トドロフとその同僚は、私たちが自然発生的に特徴を推測すること、すなわち、顔だけをぱっと見て相手を評価するメカニズムを認知と神経機構の両面から研究した。実験参加者に顔だけで他者を評価させたところ、一貫して能力の高さよりも温かさが先に指摘された。

温かさを優先する傾向は他の領域でも確認されている。ミシガン大学教授のオスカー・イバラが率いた研究では、実験参加者にワードパズルを解かせたところ、能力に関連する単語（「熟練」など）よりも、温かさに関連する単語（「友好」など）のほうが有意に早く解答された。

行動経済学の分野では、信頼できる人物だと判断されると、経済的利益が有意に高まることが示されている。

ブラウン大学助教のマシャ・ファント・ウォウトとアリゾナ大学准教授のアラン・サンフェイは、実験参加者に、投資をするとしたらどのパートナーにどんな割合で資金を任せるかと尋ねた。すると参加者は、リターンの保証はまったくないにもかかわらず、パートナー候補の顔をぱっと見た印象に基づいて、より信頼できそうだと判断した相手により多くの資金を割り当てた。(注2)

マネジメントの現場では、信頼感によって情報共有、開放性、円滑性、協働が促進される。同僚たちが必ず正しい行動を取り、職務を忠実に果たすという確信があれば、事業の計画、調整、遂行ははるかに容易になる。信頼関係があると社員が他者のメッセージに耳を傾けるようになるため、アイデアの交換や受容もスムーズになる。その結果、組織のなかで量・質ともに豊かなアイデアが生み出されるようになる。

しかし何より重要なのは、信頼を確立することによって、社員の表面的な行動だけでなく、態度や考え方まで変えるチャンスが生まれるということだ。これこそリーダーが社員に影響力を及ぼすための最適なアプローチであり、メッセージを完全に受け入れさせる秘訣なのである。

幸福な戦士

影響力を獲得する方法として、温かさと強さを兼ね備えるに越したことはないが、マキャベリが指摘したように、それは困難なことかもしれない。しかし実際には、この二つの性質が互いに強め合うことがある。自分自身の強さを自覚していれば、ストレスフルな状況でもよりオープンになり、不安が和らぎ、相手を威圧しない振る舞いができる。そして自信があって落ち着いていれば、頼もしくて温かみのある態度を示すことができるのだ。

私たちの体の化学反応について少し理解しておくと、この仕組みがよくわかるかもしれない。たとえば、神経ペプチドオキシトシンとアルギニンバソプレシンは、人に対する愛着の形成、温かさの感知や表現、利他的な行動と関連がある。

最近の研究では、動物全般で、強さと力の感覚が二つのホルモンと密接に関わっていることも示されている。一つは、自信、恐怖心の軽減、競争志向、リスクテイクに関連するテストステロン。もう一つは、ストレスとストレス反応に関連するコルチゾールである。

ジェニファー・ラーナー、ギャリー・シャーマン、エイミー・カディらによる研究では、ハーバード・ビジネス・スクールのエグゼクティブ対象の教育プログラムを受講するリーダー数百人を研究所に招き、コルチゾールの分泌量を調べて一般人の平均値と比較した。

リーダーたちの自己申告によると、彼らは一般人に比べてストレスや不安のレベルが低かったが、このことは生理学的にも裏づけられた。コルチゾール値が著しく低かったのである。さらに、地位が高くて管理する人数が多いリーダーほど、コルチゾール値が低かった。

その理由として最も有力なのは、彼らが高いレベルのコントロール感――強力なストレス緩和効果が知られている心理学的要因――を持っているから、というものだ。オレゴン大学助教のプランジャル・メータとテキサス大学教授のロバート・ジョゼフスによると、最も有能なリーダーは男女を問わず、ある独特な生理学的特徴を持っている。すなわち、相対的にテストステロン値が高く、コルチゾール値が低いのである。

このような特徴を持つリーダーは、トラブルが起きてもそれに呑み込まれずに対処できる。

言動に緊張感があっても心のなかは落ち着いている。彼らの姿は周りにはしばしば「幸福な戦士」と映り、その振る舞いは人々の心を引きつける。幸福な戦士は、いかなる困難に直面しても最終的にはうまくいくのだという自信を与えてくれる存在だ。元テキサス州知事のアン・リチャーズは、自信と威厳を発揮するとともに明るい笑顔と当意即妙のウィットを忘れず、生き馬の目を抜く政界で幸福な戦士として活躍した。

危機的な状況でも影響力を発揮する経路を閉ざすことなく、さらに拡大していけるのは、このようなタイプのリーダーだ。ほとんどの人は不確実性を嫌うが、もし冷静で頭の切れる、勇敢なリーダーがいつも味方でいてくれるという確信があれば、不確実性に対する人々の耐性は大いに向上する。私たちはそのようなリーダーを信頼し、彼らの話に耳を傾けるのだ。

自信を身につけ、さらには体内の化学反応も変えて幸福な戦士に近づくためには、ある身体的なエクササイズが有効だ。ダナ・カーニー、エイミー・カディ、アンディ・ヤップの研究によれば、動物全般に見られる「パワーポーズ」（優越性や強さを示す姿勢）は人間にも当てはまる。

パワーポーズとは、オープンで拡張的で、より広い面積を占める姿勢である（ワンダーウーマンやスーパーマンが手を腰に当てて足を開き、堂々と立っているところを想像してほしい)。実験参加者に、他者と会う前にこのような姿勢を二分間取ってもらったところ、テストステロン値が有意に上昇し、コルチゾール値が有意に低下したのである。

ただしここで、人が発するシグナルは曖昧だということを覚えておいてほしい。誰かが自分に何らかの反応を示していることがわかっても、それが何に対する反応なのか明確にわからないことがある。リーダーの温かさに気づいても、それが自分に向けられたものだという確信が持てないかもしれない。またリーダーの強さがわかっても、それが自分たちの直面する課題に直接的に関係するかどうかは改めて確認する必要があるかもしれない。

そしてすでに述べたように、相手に対する評価は、非言語的な手がかりに基づいて短時間で下されることが多い。リーダーとしてプレッシャーのかかる状況に対処する時は特に、簡単なウォームアップ——言葉を使わずに前向きなシグナルを伝えられる姿勢のエクササイズ——を習慣づけて、あらかじめ心の状態を整えておくことが有効だ。

筆者らはこのアプローチを「インサイド・アウト」と呼んでいる。これは「アウトサイド・イン」(状況を踏まえ意識的に特定の非言語的行動を取ろうとする手法)の対極にあるアプローチである。

たとえば、メソッド演技法と従来の演技法の違いを考えてみよう。メソッド演技法では、演じるキャラクターの感情を俳優が追体験することで、真に迫った表現を引き出す。これに対し従来の演技法では、俳優は非言語的なシグナルを正確にコントロールする技術を学び、それを駆使して演技する。一般的には、「インサイド・アウト」アプローチのほうが有効である。

温かさや能力を伝えるための戦略はたくさんあり、必要に応じて取捨選択することが可能だ。本稿執筆者のジョン・ネフィンジャーとマシュー・コフートは、あらゆる分野のリーダーの協力を得て言語的／非言語的なシグナルの伝え方をマスターした。ここからは、そのベスト・プラクティスをいくつか見ていこう。

温かさを伝えるには

温かくて信頼できる人物だという印象を与えようと、非言語的なシグナルを意識的にコントロールしても、逆効果になる場合がある。往々にして表情がこわばったり、胡散臭さを感じさ

図表4-2:温かさが伝わっているか

自己表現の方法によって、職場の人々があなたに抱く印象は大きく変わる。自分がそれほど温かみのあるタイプではないと思っている人も、次のようなアプローチを練習し、公式/非公式な場で実践してみよう。そうすれば、効果的に影響力を発揮する方法を見極めるのに役立つだろう。

温かい態度を示すには

・立っている時は体重をどちらか一方の足に乗せてバランスを取り、頑なさや緊張感を醸し出さないようにする。
・頭を少し傾け、常に両手を広々と使って歓迎の意思を示す。

温かい態度を示すには

・威圧的にならない程度に身を乗り出し、興味や参加のシグナルを送る。
・両手は力を抜いて膝か机の上に置く。
・職場にふさわしく、なおかつリラックスしたボディ・ランゲージを心がける。

冷たい態度を避けるには

・立っている時にあごが下がらないようにする。
・話している相手に対し、自分の体の正面を逸らさないようにする。
・縮こまった手の動きや冷淡な身ぶりを避ける。

冷たい態度を避けるには

・話している相手に対し、体を斜めにしないようにする。
・腕を組んだ姿勢は冷たさや包容力の欠如を表す。
・微動だにしない姿勢、あるいは攻撃的な態度で座らない。

せたりしてしまうのだ（アプローチのパターンについては、**図表4－2**「温かさが伝わっているか」を参照）。
以下に、この落とし穴を回避する方法を紹介する。

適切なレベルを見極める

温かさを伝えようとする時、楽しい雰囲気を表現するために声を張り上げたり抑揚をつけたりして、テンションの高い話し方になる人がいる。もちろん、こうした話し方が有効な場合もある。しかし、相手側がそこまで楽しげにされる心当たりがないと感じた場合、その態度はうわべだけなのではないか、あるいは相手構わずおべっかを使う人なのではないかと疑われてしまう。

口調で温かさを伝えたければ、友人を安心させようとする時のように、トーンとボリュームを控えめにするとよい。目指すのは、率直さを感じさせる――ごまかしや大げさな感情移入をせずに、大事なことを共有してくれていると感じさせる――口調である。そうすることで、物事を適切に処理するために腹を割って話しているというシグナルが伝わるのだ。

また、前向きでオープンな態度を示すために、自分の個人的な話――プライベートな内容だがその場の話題にふさわしいもの――を、打ち明け話をするような調子で話してみてもよいかもしれない。

たとえば、初めて顔を合わせる新入社員たちと心を通わせたいならば、まず個人的な話――自分がかつて同じような立場だった時に感じたことなど――から始めてみる。これだけでも、ぐっと親しみやすい雰囲気で話を進められるようになる。

フィーリングを確認する

あなたの話を聞いている人々は、話の内容を評価するより先に、あなた自身について評価を下す。もし、あなたの世界観が社員たちと基本的に同じであることを伝えたいならば、彼らに対する共感だけでなく、彼らの目から見た「常識」を持ち合わせていることを示さなければならない。

これこそ、話に耳を傾けてもらうための究極の条件である。同僚に自分の意見を伝えて賛同してもらいたければ、まずは、あなたが彼らの考えに同調することが必要だ。

たとえば、あなたの会社で大規模な組織改革が実施されていて、グループのメンバーが、クオリティ、イノベーション、雇用保障の面の影響に不安を募らせているとする。メンバーと話す時には、彼らの恐れや懸念を受け止めるようにしよう。これは正式な会議の場でも休憩中の雑談でも同じである。

みんなと目を合わせながら、「みなさんがいま、大きな不安を感じていることはわかっています。とても落ち着かない状況ですよね」などと話せば、グループが共有する問題にあなたが立ち向かおうとしていることにメンバーたちは敬意を示し、より心を開いてあなたの話を聞くようになるだろう。

笑顔を見せる――それも心から

心から笑顔になると、温かい印象が自然と増幅する。幸せな気分になると人は笑顔になり、笑顔になることで幸せな気分になる。顔に表れるこの反応には伝染力がある。私たちには相手が示す非言語的な表現や感情に共鳴し合う傾向があり、心からの晴れやかな笑顔を向けられたら、思わず笑顔になってしまうのだ。

温かさを偽ることは難しく、思いやりのある笑顔は誰にも誤解されることがない。温かさを伝えるためには、心の底からその感情を抱かなければならない。たとえば、自然な笑顔では口の周りだけでなく目の周りの筋肉も動いて、目尻の自然なしわが見られるものだ。

では、どのようにすれば自然な笑顔になれるのだろうか。

まず、どんな状況に置かれているにせよ――苦境に陥って笑うしかないような場合でも――どこかに幸せな気分になれる要素がないか探してみよう。人前で積極的になれない人は、誰か一人をターゲットにしてみよう。そうすることで、親しい友人や家族と一緒にいる時のような安心感を相手に伝えやすくなる。

KNPコミュニケーションズのクライアントの一人で、社員との関わり合いに問題を抱えていた女性マネジャーを例に取ろう。

データ分析エンジニアとして高い地位まで出世した彼女からは、能力も高く決断力に優れていることは感じられたものの、温かみはあまり感じられなかった。ところが、生まれ育った場所のことや、密接な近所付き合いのなかで人生を学んだエピソードを話している時には、態度が柔らかくなり、晴れやかな笑顔が見られたのである。

そこで、このマネジャーは、ミーティングの冒頭やプレゼンテーションに自分の幼少期のエピソードを交えることにした。これにより、温かさや親しみやすさという一面を同僚に示すことができるようになった。

ここで一つ注意すべきことがある。五歳以上の相手に向かって、眉を上げてほほえみかけることは避けよう。この表情は相手を喜ばせたい、気に入られたいという過度の感情を示唆するものであると同時に、不安のシグナルでもある。

温かさと同様に、不安も伝染する。温かさの面でプラスの印象を与えても、強さの面でのマイナスのほうがはるかに大きくなってしまうだろう。

強さを伝えるには

ある人物の強さや能力は、その人の地位や評判、実際の業績をベースにして築き上げることができる。しかし、そこには存在感や態度といった要素も必ず関わってくる。

もちろん、振る舞い方で能力のレベルが決まるわけではないが、その人の姿勢——たとえば、どれほど真剣に覚悟を決めて困難に取り組んでいるか——を示す有力な証拠と見なされ、全体的な強さを評価するうえでの重要なポイントになる。

ここで大切なのは、威嚇的な印象を与えずに強さを示せる態度を身につけることだ。

コントロール感を養う

見せかけの温かさはなかなか通用しないが、自信があると自分に言い聞かせるのも容易なことではない。借り物のような心境——自分が分不相応な地位にいて、そのことがいつか「ばれる」のではないかという気持ち——になることも珍しくはない。

だが自己不信の状態では、存在感を発揮するための条件である自信、意欲、情熱が決定的に損なわれてしまう。実際に、自分自身を借り物のように感じていれば、周りの人々もそのような目であなたを見るだろう。コントロール感や自信を身につけるということは、自分自身とつながることである。そして自分自身とつながることができれば、他者とつながることもずっと楽になる。

ここでも特定のポーズを取るエクササイズが有効だ。私たちは「パワーポーズ」という呼び方をするが、これらのポーズで他者に対する優越性が高まるわけではない。自分自身の力、すなわち、主体性や自己管理力が高まるのである。

不安や制約を感じていると、仕事の命運がかかったシチュエーション（たとえば、投資家への売り込みや、影響力を持つ人々を前にしたスピーチなど）で、自分の能力や信頼性、意欲を最高の形で伝えられない場合がある。しかし、カリフォルニア大学バークレー校のダチャー・ケルトナー教授が主導した最近の研究によると、エクササイズを通して自分の強さを意識することで、こうした不安や制約を取り除くことができる。

背筋を伸ばして立つ

相手に真剣に対応してもらうためには信頼感や意気込みを示すことが必要だが、その際に良い姿勢を取ることの重要性は、いくら強調してもしすぎることはない。アメリカの作家・詩人であるマヤ・アンジェロウが書いたように、「背筋を伸ばして立ちなさい、そして自分自身を感じなさい。周りの環境のなかで頭一つ抜け出している自分を」ということだ。

良い姿勢といっても、軍隊の「気をつけ」のように無理に胸を張ったり、あごを上げたりするという意味ではない。猫背にならないように筋肉を使って背骨のS字カーブを自然に伸ばし、自分なりに身長が最も高くなるように立てばよいのだ。つまらないことだと思われるかもしれないが、話し手の身長にかかわらず、体が占める物理的なスペースを最大限に拡大することで、相手の反応は大いに変わってくる。

自分自身を制御する

体を動かす時はだらだらとせず、意識的かつ緻密な動きで意図した姿勢に収まるように心がける。そして動き終わったらしっかりと静止する。そわそわしたり何かをいじったりするなど、視覚的に無駄な動きがあると、自分をコントロールできていないという印象を与えてしまう。静止した状態は冷静さの表れである。これと姿勢の良さが合わさることで、信頼できるリーダーの重要な特徴である安心感と安定感を備えた、落ち着いた物腰が完成する。

背筋を伸ばして立つことは、強さを示すきわめて優れた方法である。なぜなら、強さを示す他のシグナル——冷淡な身ぶり、眉間にしわを寄せる、あごを上げるなど——と違い、温かさの妨げとならないからだ。親が子どもに姿勢を良くして笑顔でいなさいと教えるのは、至極まっとうなことである。おそらくこの二つを組み合わせることが、強さと温かさを同時に示す最高の方法なのだろう。

＊　＊　＊

有能なリーダーとして人々を率いるためには、温かさと能力の力学を適切に保つ必要がある。この二つの性質を同時に発揮することは困難だが、両者は互いに強め合うことがある。その効果は絶大だ。周りから信頼や評価を得るのは気分がよい。その場を自分がコントロールしているという感覚を得ることもまた気分がよい。この二つを実現することで、他者に対し、より有効に影響力を発揮できるようになる。

本稿で説明した戦略は、初めは実践しにくく感じるかもしれないが、すぐに前向きなフィードバックが返ってきて好循環が生まれるはずだ。冷静さと自信を身につけることで、温かさやオープンな態度、感謝の気持ちを示す余裕が生まれる。そしてあなたの価値観や優先事項を反映し、それを表現する行動を選べるようになる。

あなたの温かさが浸透していれば、強さは安心感を与えるものとして歓迎される。あなたのリーダーシップが、みんなにとっての脅威ではなく恩恵になるのである。

エイミー・J・C・カディ（Amy J. C. Cuddy）
社会心理学者。ハーバード・ビジネス・スクールなどで教鞭を取った。

マシュー・コフート（Matthew Kohut）
KNPコミュニケーションズ パートナー。

ジョン・ネフィンジャー（John Neffinger）
KNPコミュニケーションズ パートナー。

コフートとネフィンジャーの共著書に *Compelling People: The Hidden Qualities That Make Us Influential*（未訳）がある。

温かさが強さに勝る理由

人々を統率する前に心を通わせることの重要性が浮き彫りになるようなさまざまなシチュエーションで、温かさの優位性が確認できる。

仲間の必要性

人間には、仲間に入ること、言い換えれば帰属意識が必要だ。心理学者のなかには仲間を求める欲求を人間としての一次的欲求の一つに数える者もいる。

神経科学者のナオミ・アイゼンバーガーとその同僚が実施した実験によれば、この欲求はきわめて強力であり、仲間外れにされた人は、その相手がほとんど赤の他人であったとしても、身体的な強い痛みに匹敵する痛みを感じることが示唆されている。

「我々」対「その他大勢」

ここ数十年、グループ・ダイナミクスほど社会心理学者の注目を集めた分野は少ないが、それには十分な理由がある。

自分の所属するグループを優先しようとする意識は非常に強力なため、極端な条件下――たとえば、グループのメンバーが無作為に割り振られていて、グループ自体も恣意的に構成されたものであることがわかっている状態――であっても、人は一貫して自分のグループのメンバーをその他の人々よりも優先する。

あなたはリーダーとして、組織内の主要なグループに確実に参加していなければならない。もっと言えば、そのグループ内の意欲的なメンバー、選ばれた代表者というポジションを目指すべきである。

もしその他大勢の一人になってしまうと、管理能力やリーダーシップを発揮しようとしても、たちまち人々の心は離れ始める。

理解されたいという願望

そもそも人間には、聞いてもらいたい、見てもらいたいという心の奥底からの願望がある。

しかし残念なことに、優れたリーダーには他者の視点で物事をとらえることが重要であるにもかかわらず、権力のあるポジションに就くと、他者の視点に対する理解がおろそかになってしまうことが往々にしてある。

また、誰かに対して力を行使できる立場になると、その相手を個人として見る能力が衰えてしまいがちだ。

リーダーは意識的かつ継続的に、自分の配下にある人々の立場で考えるように努力することが必要である。

5

言語スタイルと話し方で関係性は大きく変わる

デボラ・タネン
Deborah Tannen

"The Power of Talk : Who Gets Heard and Why,"
HBR, September-October 1995.

印象は「話し方」で決定づけられる

ある多国籍企業の部門のトップが、自分の部門のマネジャーを集めて社員の業績評価ミーティングを行った。マネジャーたちは順番に、自分のグループの社員の名前と仕事ぶりを報告し、誰を昇進させるべきかについて意見を述べた。

すべてのマネジャーに女性の部下がいたが、昇進候補として名前が挙がった女性は一人もいなかった。マネジャーたちは、表現はさまざまに異なっていたが、自分のチームの女性社員のなかには昇進に必要な自信を持っている人がいない、と言った。

部門のトップは、そんなことがあるのだろうかと、いぶかしく思った。自分の部門には有望な女性社員が多くいるはずだが、全員自信がないなどということがあるのだろうかと。

おそらく、女性たちは自信がないのではない。大企業を辞めて起業した女性もたくさんいる。きっと成功する自信があったはずだ。しかし、その人に自信があるかないかについて、周りの人間は、その人が自分をどう見せるかによって判断するしかない。そして、その見せ方は、「話し方」によって大きく決定づけられる。

5. The Power of Talk : Who Gets Heard and Why

ある大企業のCEOは、部下が五カ月かけて練り上げた案件の採否を、五分で決めなければならないというようなケースが多々ある、と語った。その際の彼のルールは、提案者に自信がありそうなら承認し、そうでなければ却下する、というものだ。

妥当な方法だと思う読者がいるかもしれないが、私が研究している社会言語学によれば、話はそう簡単ではない。このCEOは明らかに、自信のある人間はどんな話し方をするかわかっていると思っている。しかしその見立ては、ある人には当てはまっても、別の人にはまったく見当外れかもしれないのだ。

コミュニケーションというものは、発せられた言葉が文字通りの意味を持つというほど単純なものではない。伝えたいことをどのように話すかに重要な意味があり、どう話すかは学習された社会行動である以上、人によって千差万別だからである。

私たちがいかに話すか、そして相手の話をどう解釈するかは、文化的経験に深く根差している。誰もが自分の話し方はごく自然だと考えているかもしれないが、相手も同じ話し方をしているという前提で相手の話を解釈すると、トラブルになるかもしれない。

一九七四年以来、私は言語スタイルが会話と人間関係に及ぼす影響について研究してきた。

ここ四年は、研究範囲をビジネスの場に広げ、子ども時代に身につけた話し方が、その人の能力や自信についての評価にどう影響するかを観察している。どんな話し方をすれば意見が通りやすいのか、信用されるのか、話し方によって仕事の結果や評価がどう変わるのか、といったことを考察している。

冒頭で紹介した、自分の部門にいる女性社員全員が自信を欠いていると聞いて驚いたトップの疑問は正しい。男性マネジャーたちは、自分の持つ言語的規範によって女性の部下を評価したが、彼らとは異なる文化のなかで成長した女性たちは、その成長過程で男性とは異なる言語スタイルを学ぶことが多く、その結果、実際より能力がないと見られたり、自信がないと見られたりしてしまっているのである。

言語スタイルとは何か

私たちの話はすべて、ある特定の方法——特定のトーン、特定のスピード、特定の声量——で声に出される。私たちは口を開く前に、何を話すかは意識して考えるが、どう話すかについては、採用面接や人事評価面談のような腹の探り合いになる場合を除いて、さほど考えることはない。

言語スタイルとは、その人の話し方に表れる特徴的なパターンのことだ。それには、直接的に表現するか間接的に表現するか、ペーシング（相手の話し方や呼吸などに合わせること）や、ポージング（間の取り方）、言葉の選択、さらには冗談、たとえ話、ストーリー、問いかけ、謝罪などの要素をどう使うかといったことが含まれる。言い換えれば、言語スタイルとは、自分が意味することを相手に伝える方法であるだけでなく、相手の言葉の意味を解釈し、互いを評価し合う際に使う文化的に学習されたシグナルの総体である。

言語スタイルの一要素である話者交替について考えてみよう。会話とは、複数の人が自分の順番が来たら話をするというやりとりだ。一人が話している間、もう一人は話を聞いてそれに応答する。

一見単純に見えるこのやりとりの最中にも、相手は話し終わったのか、ここで自分が話し始めて大丈夫かという、微妙なシグナルの交換が行われている。生まれ育った国や地域、民族的背景などの文化的要因は、言葉と言葉の間にどれぐらいの間《ま》を置くのが自然な話者交替かという理解にも影響する。

デトロイト出身のボブは、ニューヨーク出身のジョーより自然だと感じる間合いが長いので、二人で話しているとなかなか自分の話をすることができない。一方、ジョーにとっては、ボブが適切と感じる間合いは長すぎるので、気詰まりな沈黙を避けるために自分の話を続けてしまい、ボブに話者交替のタイミングを与えることができない。そして二人とも、自分たちの会話スタイルの違いがじゃまをしていることに気づいていない。ボブはジョーのことを、押しつけがましく、相手のことに無関心だと感じ、ジョーはボブのことを、会話を発展させる気がないと考える。

同様に、南部のテキサス州から西海岸のワシントン州に転勤したサリーは、スタッフ会議で発言の機会をうかがうが、ついに一言も発言できずに終わるかもしれない。テキサスでは社交的で自信家と見なされていたサリーが、ワシントンでは内気で引っ込み思案と見なされている。上司からは、アサーティブネス（率直に考えを主張すること）を向上させる話し方の訓練を受けたらどうかとさえ助言された。

このように、会話スタイルのわずかな違いが――右の二例では、ほんの数秒の間合いの差に

5. The Power of Talk : Who Gets Heard and Why

すぎない――、話を聞いてもらえるかどうか、どんな人だと思われるか、能力があると思われるかどうかについて、仕事面でも心理面でも驚くほど大きな違いをもたらすのである。

すべての発話（言語を音声として発すること）は二つのレベルで機能する。誰もがそのうちの一つのことはよく理解している。「言語は考えを伝える」というレベルだ。もう一つのレベルはほとんど意識されることはないが、コミュニケーションにおいて強力な役割を果たしている。すなわちそれは、社会行動の一形態として「言語は関係を交渉する」というレベルである。私たちは話し方を通じて、自分と相手の相対的な力関係やラポール（信頼関係）を形成するためのシグナルを発している。

たとえば、「座れ」と言えば、自分のほうが上の立場にあるか、礼儀を気にしなくてもいいぐらい親しいか、怒っているか、いずれかのシグナルが発せられる。「座っていただけると光栄です」と言えば、声や状況や両者の関係によって、よほどの敬意を相手に抱いているか、いやみっぽく皮肉を言っているかのいずれかということになる。「疲れたでしょう。どうぞ座ってください」と言えば、親密さ、気遣い、あるいはおせっかいの気持ちが伝わる。

どれも言っている内容――相手に座るよう促す――は同じなのに、そこには全然違う意味が込められている。

子ども時代から見受けられるスタイルの違い

言語学者が知る限り、あらゆる人間集団において、男性と女性の言語スタイルには違いがある。場合によっては、ほとんどの男性が自然と感じるスタイルが、ほとんどの女性には不自然と感じられることもある。なぜなら、私たちは大人へと成長する過程で、仲間との関係のなかで言語スタイルを習得するが、子ども時代は特に、同性の仲間と遊ぶ傾向があるからである。

遊んでいる米国の子どもたちを対象として、社会学者、人類学者、心理学者たちが行ったある研究によれば、男の子も女の子も会話を通じてラポールを育み、力関係を定めていくが、女の子は人間関係に重きを置いた話し方をする傾向があり、男の子は序列や立場を重視する傾向があるという。

女の子は一人の親友、もしくは小人数のグループで遊び、長時間おしゃべりをする傾向がある。お互いにどれほど親密になれるかを探るために言語を用い、たとえば、秘密を打ち明けた相手と親友になる。女の子は、一方が他方より優れていることを誇示するような会話スタイル

5. The Power of Talk : Who Gets Heard and Why

は取らず、みんな同じだということを示すような話し方をする。ほとんどの女子は、子どもの頃から、あまりにも自信たっぷりに話すと友だちの不評を買うことを学ぶ。

ただし、相手の控えめな話し方を文字通りに受け取るわけでもない。自分の優位性をちらつかせる相手を遠ざけ、「何様のつもりなの」と批判する。何かと指図するような相手には「威張り屋」のレッテルを貼る。このようにして、女の子は自分のニーズと相手のニーズのバランスを取り、言葉の最も広い意味で互いの面子を損なわない話し方を学んでいくのである。

男の子の傾向は違う。男の子はもっと大勢の、男の子中心のグループで遊ぶが、そこでは全員が平等に扱われるわけではない。リーダー格の子には、他のメンバーに歩み寄ることより、リーダーとしての地位を強調することが期待され、通常、一人またはごく少数がリーダーと見なされる。男の子は一般的に、偉そうにすると言って誰かを非難することはない。リーダーは、序列下位の仲間に指示を与えることが期待されているからだ。

男の子は、能力と知識を示し、他の子に挑戦し、他の子からの挑戦を受けて立つことによって集団のなかでの地位を固めていくが、そのためにどんな話し方をすればよいかを学んでいく。命令することは、集団のなかで高い地位を得、それを維持するための一つの話し方である。もう一つの話し方は、物語やジョークを繰り出して仲間の注目を集めることだ。

もちろん、すべての男の子と女の子がこの通りのプロセスを経て成長するとか、そのような規範を持つ集団に帰属して快適に感じるとか、この規範に従ってさえいれば成功するというわけではない。しかし、男の子も女の子も、子ども時代に仲間と遊ぶなかで自分の会話スタイルのほとんどを学んでいく。その意味で、彼らは異なる世界で育つと言うことができる。

その結果、言いたいことを言うのに、女性と男性は異なる方法を身につけ、男女間の会話は異文化コミュニケーションの様相を呈することになる。異性の相手が話すのを聞いて、自分がそのように話す場合の意味はこうだから、相手も当然その意味で言っているのだろうと解釈するのは間違いのもとである。

米国企業を対象とする私の研究は、子ども時代に学習したことが職場にも持ち込まれることを示している。次のような例を考えてみよう。

有力な多国籍企業が、最近導入したフレックスタイム制を評価するためにフォーカスグループ・ミーティングを行った。男女三人ずつ、六人の参加者が輪になって座り、新しいシステムについて話し合った。その結果、このグループは、新制度は優れていると結論づけたが、同時にそれを改善する方法についてもいくつかの提案を行った。ミーティングは円滑に進み、私の観察でも、参加者自身の感想でも、成功裏に終了したように思えた。しかし翌日、私は驚かされることになる。

ミーティングを傍聴している時の私は、グループが採用した改善案の大半はフィルの発案だという印象を持っていたのだが、参加者の発言を文字にして記録し始めると、何とシェリルがほとんどすべての提案をしていたことに気づいたのだ。シェリルの発言の要点を拾い上げてサポートしたフィルのほうが、シェリルより長く話していたため、重要なアイデアがフィルから出たものだと錯覚していたのである。

フィルがシェリルのアイデアを盗んだと考えるのは簡単だ。しかし、それは正確ではない。フィルはそのアイデアが自分のものだとは言っていない。シェリル自身も、のちに私に話してくれたところでは、自分はそのミーティングに意味のある貢献ができたという手応えを感じていたし、フィルのサポートに感謝もしていた。

私が質問したわけではないが、彼女は笑いながら、「あのミーティングは、女性が何を言っても無視されて、男性が同じことを言ったら採用されるという、よくあるパターンとは違っていました」と話してくれた。つまり、シェリルとフィルはチームとして上手に動き、会議は目的を達成し、会社は必要としていた成果を手に入れたのである。何か問題があるだろうか。

私は再びその会議のメンバーの元に戻って、あの会議で一番影響力があったのは誰だと思うか、採用されたアイデアは誰のアイデアだったと思うかを尋ねた。彼らの回答には明らかなパターンがあった。

シェリル以外の二人の女性はシェリルの名前を挙げ、三人いた男性のうち二人はフィルと答えた。シェリルと答えた男性はフィルだけだった。このケースでは、女性のほうが男性よりも、貢献したのは誰かを正確に見抜いていたということである。

このようなミーティングは、今日も米国中の会社で開かれている。誰が何をどういう意味で話しているかを注意深く聞き取る能力がマネジャーになければ、シェリルのような人は、才能を過小評価され、公平に取り立てられることなく埋もれてしまう可能性がある。

会話を通じたポジション争い

個々の話し手が、言語の社会的ダイナミクスにどれほど敏感か――言い換えれば、相手が話す微妙なニュアンスをどこまでくみ取れるかは個人差がある。

男性は会話のなかに潜む上下関係を決めるパワー・ダイナミクス（権限の力学）に敏感な傾向があり、自らを他者の上に立たせるような話し方をし、他者が自分を下位に追いやるような話し方をすることに抵抗する。女性は関係を築くラポール・ダイナミクス（親密さの力学）に反応する傾向があり、他者を立てる話し方をし、相手を見下していると取られかねない内容は和らげて表現する傾向がある。

こうした言語スタイルはあまねく広がっており、毎日職場で行われている無数の交流の場で観察することができる。そして、シェリルとフィルの場合のように、誰の話が聞き届けられ、誰の貢献と見なされるかに影響を与えているのである。

それは誰の貢献か

たとえば、どんな代名詞を使って話すかというような、些細とも思える話し方の違いでさえ、誰の貢献と見なされ、誰が評価されるかということに影響する可能性がある。

私は職場でのコミュニケーションの調査で、女性なら「私たち」と言いそうな場面で、男性が「私」と言う場面によく遭遇する。たとえば、ある出版社のエグゼクティブは、「私は新しいマネジャーを雇うつもりだ。私は彼にマーケティング部門を担当させようと考えている」と話した。まるで自分が会社を所有しているかのような口ぶりだ。

明らかな対照をなす形で、女性が自分一人で成し遂げた仕事のことも「私たち」という主語で語るのを聞いた。ある女性は、「私がやりました」と言うのは、あまりにも自己宣伝が過ぎる感じがすると話してくれた。しかし、そのように言う彼女も、周囲の人にはそれをやったのは自分であることを知ってほしいし、自分からは求めないけれど、しかるべき栄誉を得たいとも思っている（もちろん願い通りにならないこともある）。「私」と言うか、「私たち」と言うか、代名詞の選び方でさえ、誰が栄誉を得るかを左右する。

マネジャーは、女性が自分の貢献を正当に評価されたいと思うのなら、評価してもらえるような話し方をすればよいではないかと言いたくなるかもしれない。しかし、それは別のやっかいな問題を生む。どのように話すかは、その人の道徳性と結びついているからである。「私」がいかに話すかは、「私」がどんな人間であるか、そしてどんな人間になりたいと願っているかの表明なのだ。

ハイテク企業の上級研究員であるベロニカには、優れた観察眼を持つ上司がいた。上司は、グループから生まれたアイデアの多くはベロニカのものだが、他の誰かが自分の手柄のように吹聴していることに気づいていた。彼はベロニカに、自分のアイデアは自分で〝所有〟し、正しくクレジットされるよう確認したほうがよいと助言した。しかし、ベロニカは、そんな手柄の奪い合いのような仕事の仕方には魅力を感じないし、やりたいとも思わなかった。彼女自身がそんなやり方を好んでいない以上、いかんともしがたいものがある。

動機は何であれ、女性の多くは、男性のように名乗りを上げて人前に立つことを学んでいない。そして、そんなことをしたら嫌われると思っている女性は男性より多い。

ビジネスの場でチームワーク重視の傾向が強まっていることは、女性にとって都合がよいと考える向きもあるが、そうとも言えない。パフォーマンス評価の面で悩ましい問題を引き起こす可能性がある。

アイデアが生まれ、業務が遂行されるという一連のプロセスが、外からは見えないチームのなかだけで完結したら、その成果は、一番声の大きい人の貢献と見なされてしまうかもしれない。多くの人が、そしておそらく男性よりは多くの女性が、人を押しのけるような方法で自分をアピールすることをためらうため、貢献に見合う栄誉を得られずに終わるおそれがある。

自信と傲慢

自信がありそうに見えるかどうかで部下の提案の採否を決めると言ったCEOは、米国企業の間で広く共有されている判断基準に従っていると言ってよい。自信のほどを判断する一つの方法は、個人の行動、とりわけ言語行動であるという判断基準だ。その点でも、多くの女性が不利な立場に置かれている。

研究によると、自分の主張について、女性はその確実さを低く見積もる可能性が高く、男性は疑いを最小限に抑え込む傾向がある。心理学者ローリー・ヘザリントンとその共同研究者は、独創的な実験を考案して発表した。(注1)

彼らは数百人の大学新入生に、一年目の自分の成績を予測させた。被験者の一部には、自分の成績予想を誰にも知らせず紙に書いて封筒に入れさせ、残りの被験者には自分の予想を研究者の前で口頭で発表させた。その結果、人前で発表させられた場合、女子学生は男子学生よりも成績を低く予測することが判明した。人に話すのではなく封筒に入れた場合は、男女間に予測の差はなく、一年目が終わった時の実際の成績にも男女間に差はなかった。

この研究によって、自信の欠如と見なされる行動――成績を低く予測すること――は、実際の自信のレベルの反映ではなく、傲慢と思われたくないという気持ちの表れだということが判明したのである。

女性は確信があっても控えめに語り、男性は疑念があっても自信ありげに語る。

謙虚さを示そうとするか、自信を示そうとするかは、子ども時代に遊び仲間との関係のなかで培われた社会化の結果である。成人後も、女性は女性、男性は男性で、同じ規範を共有する友人や親戚からそれぞれの傾向の強化につながる反応を示されることが多く、身につけた傾向をさらに強化していくことになる。そして、米国ビジネス界を支配している規範は、男性の言語スタイル――正確に言えば米国男性の言語スタイル――に立脚している。

質問する

適切な質問をすることは、重要なコミュニケーション・スキルの一つだが、何を、いつ、どのように質問するかによって、自分の能力とパワーについて意図せざるシグナルを発してしまうことがある。質問する人間が集団のなかに一人しかいなかったら、男性であれ女性であれ、単に無知と見なされる危険がある。

さらに、人はどのように話すかだけでなく、どのように話しかけられるかによっても判断されるので、質問をすると教師に教わっている初学者のように見られてしまうかもしれない。男性は、社会化の過程で、質問すると一段低く見られるというパワー・ダイナミクスに敏感になっている。

ある女性臨床医は、病院内でのあらゆる情報のやりとりが、自分の能力を判断される根拠（もしくは誤った根拠）となることを手痛い体験から学んだ。

研修期間中、彼女は不公平と思える低評価を受けたので、指導医に説明を求めた。すると医師は、他の研修医に比べて知識が乏しいという理由を挙げた。そう言われて驚いた彼女が、なぜそう思うのかとさらに尋ねると、「他の研修生より質問が多かったから」という答えが返ってきたのだった。

文化的影響や個人的性格に加えて、ジェンダーも、質問するかしないか、いつ質問すべきかの判断を左右する。私が講演や本で紹介する話のなかで一番面白がってもらえるのは、道に迷った時に男性は女性よりも人に道を尋ねることが少ないという指摘だ。私はその理由を、男性は人に道を尋ねると自分が一段引き下げられると感じているからであり、自分の道は自分で切り開くという独立心に価値を置いているからだと説明している。

運転中に道を尋ねないというのは、男性は女性ほど質問しないことの一例にすぎず、同じことを示す研究結果は、他にもたくさんある。男性は女性よりも、質問するのは面目を失うことだという感覚を強く持っているのである。質問をしたら否定的に評価されると考えている男性は、その裏返しで、質問をする人にマイナスの評価を下しがちだ。

男性は女性よりも、質問をすることは不名誉なことだと感じている。

会話という儀式の約束事

会話において、話す側は文化的慣習に則って話し、聞く側から一定の法則に則った応答があると期待している。その意味で、会話は基本的に儀式的な行為と言える。

たとえば、あいさつをする時のことを考えてみよう。私は、米国を訪れる外国人が、米国人は相手の状況や体調を尋ねるが、どんな答えが返ってくるかに興味がないから偽善者みたいだ、と不満を漏らすのを聞いたことがある。しかし、米国人にとって“How are you?”（「元気ですか」）というのは、文字通りの情報を求めているのではなく、会話を始めるためのお決まりの表現にすぎない。

世界の他の国では、フィリピンを含め、知っている誰かと出会ったら、“Where are you going?”（「どこへ行くの」）と尋ねる。それには“Over there.”（「ちょっとそこまで」）などと曖昧に答えるのがお約束だが、そうとは知らない米国人は、詮索しすぎではないかと感じてしまうだろう。

国によって異なる会話の儀式を観察するのは難しいことではないし、楽しくもある。しかし、仕事の場で米国人同士で話す時、ほとんどの人は自分と相手の間にそのような違いがあることを意識していないし、会話の約束事にも注意を払っていない。

相手も同じ意味で話しているのだろうと思い込んでいると、会話に含まれる儀式的要素の違いはやっかいな問題を引き起こしかねない。

謝る

"I'm sorry."という単純なフレーズについて考えてみよう。

キャサリン：例の大きなプレゼン、どうだった？

ボブ：よくなかった。財務面で副社長からずいぶん突っ込まれて……数字が用意できていなかったんだ。

キャサリン："I'm sorry."あんなに頑張って準備したのにね。

この場合の"I'm sorry."は、「(そんな結果になって) 私も残念」という意味である。ボブが数字を用意できなかったのがキャサリンの責任だったのなら別だが、けっして「ごめんね」という謝罪ではない。女性は男性よりも、よく"I'm sorry."と言うが、それは相手への気遣いを示すお決まりの方法だ。それは、女性が相手との間にラポールを確立するためによく使う、学習された会話スタイルの一つである。

儀式的な謝罪は、他の会話儀式と同様、双方がその使い方をわきまえている場合には問題なく機能する。しかし、このような謝罪を多用する人は、そうでない人と比べて、弱く、自信がなく、責めを受けてしかるべき理由が本当にあるという印象を与えかねない。

男性は、会話の持つ地位や序列の交渉という側面を意識するため、謝罪のとらえ方も女性とは異なる。多くの男性は、謝ると相手の下に立つことになると考えて、あまり謝罪しない。

私はある弁護士事務所で、弁護士がスピーカーフォンで話をしているのをたまたまそばにいて聞く機会があった。ところが、話している最中に、弁護士の肘が電話に当たって通話が切れてしまった。秘書が通話をつなぎ直した時、私は、彼が当然「申し訳ない、肘が当たって電話が切れた」と謝るだろうと予想した。私ならそう言う。ところが彼は、「どうしたのかな、いきなり切れちゃったよ」と言ったのだ。

この弁護士には、どうしても謝罪しなくてはならない場合以外は過ちを認めないという無意識の衝動があったようだ。私にとってこの弁護士事務所での体験は、すべての人が同じ世界に住んでいるわけではないこと、他に言い方はないと思える場合でもさまざまな言い方があることを知った、重要な瞬間だった。

5. The Power of Talk : Who Gets Heard and Why

謝罪すると権威が弱まるから、人の上に立つ人は謝罪しないほうがよいと考える人は、コミュニケーションをパワー・ダイナミクスの観点から考えている。多くの場合、謝罪しないという戦略にはそれなりの効果がある。しかし他方で、職場での不満を人々に尋ねると、よく返ってくる答えは、同僚であれ上司であれ、謝ってくれない人や間違いを認めない人と働くのがいやだ、というものだった。

裏を返せば、失敗の責任を認め、間違いを認めることは、状況によっては、謝らないという方法と同様に効果的で優れた戦略になるということである。

フィードバック

フィードバックにはさまざまなスタイルがあるが、しばしば誤解を招く儀式的要素が含まれる。次のようなやりとりを考えてみよう。

マネジャーが、マーケティング担当者に報告書の書き直しを命じなくてはならなくなった。彼女は気の進まない役割を果たすに当たって、まず報告書の良い点に言及し、それから本題である、直してもらいたい欠点を指摘した。担当者はそのコメントを理解し受け入れたように見えたが、再提出された報告書を見ると書き直されていた箇所はわずかで、肝心のポイントは改善されていなかった。

マネジャーが不満を述べると、担当者は、彼女のフィードバックの仕方のせいで誤解したと言って上司を責めた。「よく書けていると言ったじゃないですか」

この誤解は両者の言語スタイルが異なることに原因がある。マネジャーにとっては、まず褒めるべき点を持ち出して批判的指摘を和らげるのは自然なことだった。報告書の欠点を指摘して書き直しを命じるだけでは、部下にばつの悪い思いをさせることになりかねない。報告書の良い点を褒めるのは、部下の面子を傷つけないためのお決まりの方法だった。

しかし、部下は、上司のその前提を共有していなかった。彼は、上司が最初に褒めてくれたことこそがフィードバックの要点であり、最後に言ったことは付け足しにすぎないと解釈したのだった。

このマネジャーのようなフィードバックの方法を期待する人は、彼女のやり方を理解し、ずばり欠点を指摘するような方法は無神経だと考える傾向がある。しかし、部下のマーケティング担当者の前提を共有している人は、はっきり欠点を指摘するほうが正直でまぎらわしさがないと考え、マネジャーのような方法で指摘されたら何を言われているのかわかりにくくなると指摘する。

両者とも、自分のスタイルを自明と思っていたので、相手の非を責めた。マネジャーは担当者が話を聞いていなかったと思い、担当者は上司が曖昧な言い方をしたか、後で考えを変えたと思った。これは、漠然と「コミュニケーション・ミス」と言われることの多い食い違いが、言語スタイルの違いが原因で生じている可能性があることを示す重要なポイントである。

褒める

お互いを褒め合うというのは一般的に見られる会話の儀式だが、男女を比べれば、女性の間でより多く見受けられる。この儀式に関して、会話する双方の期待にずれがあると、問題が生じる。HR（人材開発）部門のマネジャーであるスーザンのほろ苦い体験も、まさにそれが原因だった。

彼女と同僚のビルは、全米から参加者が集まった会議でそれぞれプレゼンテーションを行った。帰りの飛行機のなかで、スーザンはビルに「あなたの発表、すごく良かったわよ」と言った。ビルは「ありがとう」と応じた。

次にスーザンが「私のプレゼンはどうだった」と尋ねると、彼は細かい批評を始めた。聞きながらスーザンは落ち着かない気持ちになった。自分が一段引き下げられ、見識豊かなビルに教えてもらっている新米になったようで不愉快だった。だが、感想を求めたのは自分なので、誰を責めることもできなかった。

スーザンがビルに聞かせてほしいと頼んだのは、ビルが話したような分析的な論評ではない。彼女が聞きたかったのは、批評ではなく褒め言葉だったのだが、「私のプレゼンはどうだった」という問いかけから話が変な方向に進んでしまった。

スーザンが最初にビルを褒めたのは、同僚がプレゼンをした後ではそうするのが当然という自動的な反応にすぎず、ビルも同じ意味で自分のプレゼンを褒めてくれるものと期待してのことだった。しかしビルは、スーザンの儀式的な質問の意図を取り違えて真摯に答えてしまったのか、これ幸いとばかりにスーザンを引き下ろそうとしたのかはわからないが、批評的な感想を語ってしまった。いずれであれ、彼の口を開かせたのは、儀式的な褒め言葉を交換しようとしたスーザンからの声かけだった。

このような食い違いは男性同士の間でも起こりうるが、男性と女性の間で起こりがちなのは偶然ではない。言語学者のジャネット・ホームズは、女性は男性より褒め言葉を多用することを発見した。(注2)私の観察でも、「僕の話をどう思った」と尋ねる男性はあまりいない。それは聞きたくもない批評を聞かされるのを避けたいからにほかならない。

実際、ピア・グループの社会的構造のなかで、男の子は他者を押しのける機会を探しながら育つ。対照的に女の子は、へりくだるのは約束事にすぎないと知っている相手が持ち上げてくれるという前提の下で、一歩退いた自己表現を学びながら育っていく。

スーザンとビルのケースから、女性と男性のスタイルの差異によって、職場では女性が不利な立場に置かれる可能性が高いことがわかる。一方はステータスの差を最小限に抑え、みんなが平等に見えるよう心がけ、相手の顔を立てようとしており、他方は、自分を高く見せ、低く見られるような言動を避けるとすれば、後者が昇進する可能性が高い。

また、人に押しのけられないために特段の配慮をしていない人は、実際に押しのけられる可能性が高い。女性は進んでアドバイスを求める（あるいは受け入れる）儀式的傾向があるため、女性から質問された男性は、自分が助言を求められていると勘違いする傾向がある。

反論する

謝る、褒め言葉を添えて批判を和らげる、互いに褒め合うといったことは、女性の間では一般的な会話の儀式だが、男性はこれを文字通りに受け取ってしまう。逆に、男性の間では単なる儀式なのに、女性が文字通りに受け取ってしまうこともある。その代表格が「反論」である。

二人の男性社員が、どの部門の予算を削減すべきかをめぐって激しく議論していた。同僚の女性は、激しい口論を聞かされて不快と苦痛を感じた。ところが驚いたことに、ごく短時間の後に、さっきまで言い争っていた二人が親しそうにしていたのである。

「あんなに口論していたのに、どうして何事もなかったみたいに振る舞えるの」と彼女は片方の男性に尋ねた。「なかったみたいなふりって、何が?」と彼は答えた。「たしかに議論はしたけど、もう終わったよ」。彼女が深刻な対立と受け取ったものは、日常会話のルーチンの一部、儀式化された言い争いにすぎなかったのである。

多くの米国人は、議論というものを儀式的な言い争い――あえて反対意見を口に出すことによる探究――と考えている。自分の考えを可能な限り確実かつ絶対的な形で提示し、異議が申し立てられるかどうかを待つ。異論が出されて自分の考えを擁護しなくてはならなくなったとすれば、それは自分の考えを鍛える機会だと受け止める。その精神で、米国人は議論の場であえて悪魔の代弁者となって、相手の考えの穴や弱点を突き、相手が考えを深めるのを助けようとさえする。

この会話スタイルは、全員がこれを共有するならうまくいくかもしれないが、それに慣れていない人はその儀式の性質をとらえ損なう可能性が高い。異議を唱えられたら、自分の考えが稚拙なせいだと受け止めて、取り下げてしまうかもしれない。もっと悪いことに、異論を個人攻撃と受け止め、そんな文句を言われたのではやっていけないと考えるかもしれない。

このスタイルに慣れていない人は、想定しうる攻撃をあらかじめ回避するために、断定的な言い方を避けて意見を述べる可能性がある。それは皮肉なことに、その意見を実際より弱く見せ、異論を避けるどころか、好戦的な同僚からの攻撃を誘発する可能性が高い。

儀式的反論は採用人事にさえ影響を及ぼす。有力ビジネススクールの卒業生を採用しているコンサルティング会社のなかには、採用選考の手段として対立的な面接方法を使っているところがある。彼らは面接の場で応募者にある見解を提示し、いまここで論破せよと迫るのである。そのようなやり方について、あるパートナーは私にこう話してくれた。

「女性はそういうのが苦手な傾向があって、間違いなく採用に影響している。でも実際には、採用試験でうまくできなかった女性の多くが優れたコンサルタントになっているという結果が出ている。プレッシャーのある状況のなかで分析力を発揮しそうな男性より、女性のほうがスマートであることが多いのです」

反論されて不快と感じる人は、女性でも男性でも、自分の考えに自信がないと見られるおそれがある。

反論のレベルは企業文化によって異なるが、私が調査したすべての組織で、反論の受け止め方には男女差が見受けられた。反論を不快に感じる人は——そこには多くの女性と、割合は少ないが男性の両方が含まれる——、自分の考えに自信がない人物だという印象を周囲に与える。

誰に権限があるかをめぐる綱引き

組織において、公式の権限は職位から生じる。しかし、実際の権限は日々の綱引きのような交渉によって獲得される。マネジャーとしての成果は、権限をめぐる交渉と、周りの人が後押

5. The Power of Talk : Who Gets Heard and Why

ししてくれるか、足を引っ張るかにかかっている。

その綱引きの手段である言語スタイルには暗黙のステータスが反映されており、その人が組織階層のどこに位置づけられるかということに微妙な影響を及ぼす。

上がるも下がるも話し方次第

調査したすべての企業の女性から、自分は優れた仕事をしているし、同僚も（場合によっては直属の上司さえ）そのことを知っているのに、会社の上層部がそれを認識してくれない、という不満の声を聞いた。何かが自分の足を引っ張っている、という話を何度も聞かされた。彼女たちは、成功するのに必要なのはいい仕事をしているかどうかであり、優れた業績は認められ報われるべきだと考えていて、自分の置かれている状況に腹を立てていた。

対照的に、男性はしばしば、女性が昇進できないのはそれに見合う実力がないからにすぎないと言った。しかし、少し観察すればわかるが、男性のほうが女性より、自分を昇進させてくれる権限を持つ人たちの目に留まるような言動を頻繁に取っている。

訪問したすべての企業で、私はランチタイムの様子を観察した。いつも上司と昼食を食べる若い男性社員たちがいたし、上層部の人と食事をともにするマネジャーたちもいた。しかし、男性と比べると、上司と食事しようとする女性は圧倒的に少ないことに気づいた。だが、上司に自分の仕事の成果をアピールする人は評価されやすく、日頃からコミュニケーションが取れていれば、そのアピールも容易である。

そのうえ、上司に自分のことを話す機会があったとしても、男性と女性では自分の業績について異なる話し方をする可能性が高い。社会化の過程で、男性は自分の業績を大きく語ることで報いられ、女性は控えめに語ることで報いられることを学んでいるからである。上司を動かすという点では、男性の言語スタイルのほうが有利である。

人に話をする時、誰でも相手の地位や立場を意識しており、それに応じて話し方を調整している。部下に話す時と上司に話す時では、誰もが違う話し方をする。しかし、話し方を調整する方法は人によって驚くほど異なり、それがその人を見る周囲の目に影響を与えている。

コミュニケーション研究者のカレン・トレイシーとエリック・アイゼンバーグは、会話する二者の相対的な地位が、一方が他方を批判する時の話し方にどのような影響を与えるかを調査した。

5. The Power of Talk : Who Gets Heard and Why

彼らはいくつかのミスを含むビジネスレターを用意したうえで、男性一三人と女性一一人の大学生に、二つの状況設定で相手のミスを責めるロールプレイを行ってもらった。最初の設定は、上司が部下のミスを指摘するという設定、第二の設定は、部下が上司のミスを指摘するという設定であった。そして、ミスを指摘する側が相手を傷つけないためにどのような工夫をするかが観察された。

当然、部下が上司を批判するケースのほうが、慎重に言葉を選ぶだろうと予想される。しかしトレイシーとアイゼンバーグの研究は、その仮説は男性には当てはまるが、女性には当てはまらないことを明らかにした。女性は上司の役割をあてがわれた時のほうが、相手に対してより多くの気遣いを示したのである。(注3)

言い換えれば、女性は上司に対してよりも部下に対して、相手の面子を傷つけないよう慎重に話すということだ。このパターンは女の子の社会化の過程を想起させる。女性は、何かの点で自分が他者より優れている場合、その優越性を誇示するのではなく、控えめに振る舞うことが期待されるなかで成長する。

私自身も、女性が職場でそのような話し方をするのをよく目にする。たとえば、ある女性マネジャーは秘書のミスに気づいた時、ミスは無理もないと前置きしたうえで間違いを指摘した。彼女は笑いながらこのように言った。「ここで間違わずに仕事するのは大変でしょう。こんなに大勢の人から仕事が持ち込まれるんだから」

このマネジャーは部下の面子を傷つけまいとしていたのだ。トレイシーとアイゼンバーグの研究でロールプレイを行った女子学生と同じである。

これは効果的なコミュニケーションの方法だろうか。それを考えるには、まず「何のための効果」かを定義しなければならない。この女性マネジャーは、このようなやり方で職場をポジティブな環境にして、業務を効果的に推進していた。しかし、さまざまな分野で数え切れないほど多くの女性マネジャーが、地位にふさわしい権威を保っていないと上司に指摘されている、と私に訴えた。

婉曲に話す

会話する双方の相対的な力関係によって変わる、もう一つの言語シグナルが間接性である。間接性とは、言いたいことをストレートに言わず、表現を工夫して婉曲に伝えることである。

米国では言いたいことは率直に言うのが最善とされているが、間接性はコミュニケーションの基本的かつ普遍的な要素である。これは文化による違いが最も大きい要素の一つで、双方の習慣や期待が異なると重大な誤解を引き起こす可能性がある。

米国でも女性は男性より間接的な話し方をすると言われているが、実際には、誰もが状況次第で、程度と方法は違っても間接的な話し方をする。

女性は、文化的、民族的、地域的、さらには個人的な違いはあるにしても、人に命令する場合には特に間接的に話そうとする傾向が強い。ボス風を吹かせると嫌われる環境のなかで育ってきたのだから無理もない。一方、男性は、自分の落ち度や弱さを認めるような場合に、特に間接的な話し方をする。弱みを見せたら攻め込まれる環境のなかで育ってきたのだから、それも仕方ない。

一見すると、誰かの部下である限り、「正午までに報告書を出すように」といった明白な命令から逃れることはできそうもない。しかし上司は、命令とは思えないような間接的な表現で命令することもある。たとえば、上司が「地域別の売上げデータはあるかな」と言った時、部下が「すぐお持ちします」と言わず、「たぶんあると思います」と答えたら、上司は面食らい、腹を立てるだろう。なぜなら、それは質問ではなく命令だからだ。

とは言うものの、多くの研究から、間接的な物言いをするのは部下の側であることが多いのは明らかで、状況によっては特にその傾向が際立つことがある。

言語学者シャーロット・リンデは、複数の航空機事故後に回収されたブラックボックスに残されていた録音をもとに、機長と副操縦士の墜落前の会話を調べ、その結果を発表した。(注4) ワシントンDCのナショナル空港を離陸した直後にポトマック川に墜落し、乗員乗客合わせて七九人のうち七四人と地上の四人の計七八人が死亡したエア・フロリダのケースは悲劇的だった。のちに判明したことだが、事故機の機長は、事故当日のような寒冷な気象条件での飛行経験がほとんどなかった。その点では、副操縦士は機長より経験があった。残された会話記録から、副操縦士は機長に警告しようとしていたが、言い方が間接的すぎたために事故を防げなかったという痛ましい状況が明らかになった。

リンデの観察に触発された私は、文字に起こされた会話を精査し、リンデの仮説の証拠を見つけた。副操縦士は機長に、悪天候と、他の飛行機の機体に見られる着氷に注意するよう求めていた。

副操縦士：見てください、あそこに駐機している機体。後部に氷が張りついています。氷柱だらけです。見えますか。

機長：ああ、見える。

（副操縦士は、自機が除氷作業の後、長時間待機させられていることへの懸念も表明する）

副操縦士：まいったなあ、これじゃ除氷しても効果ないなあ。安心しないほうがいいですね。

（離陸直前、副操縦士は計器がいくつかの異常値を示していることにも懸念を表明したが、機長が聞き流すと、それ以上指摘するのをやめてしまった）

副操縦士：いやな値じゃないでしょうか。［三秒間無音］。まずいな。あの……

機長：大丈夫、八〇だ。

副操縦士：そうでしょうか、まずくないですか。［七秒間無音］いや、たぶん大丈夫でしょう。

このやりとりの直後に飛行機は離陸し、悲劇的な結末を迎えた。他の例でも、この事故と同様、指揮命令系統で二番目に位置する副操縦士は、取るべき行動を機長に提案する際、間接的に言ったり、割り引いたり、表現を和らげたりしがちであることをリンデは観察している。そうした事故を防ぐため、現在、もっと断定的な表現をするよう副操縦士を教育している航空会社もある。

それは大方の米国人には至極当然な解決策のように思われるが、私が大学院のゼミでリンデの報告を読ませた時、日本人の学生が、副操縦士の発言を間違いなく受け止めるように機長を教育しても同程度に効果があるのではないかと指摘した。その考えは、口に出さなくても相手を理解する能力に価値を置く日本的コミュニケーション・スタイルを反映している。直接的でも間接的でも、双方が相手の言語スタイルを理解していれば、たしかにコミュニケーションは問題なく成立する。

しかし、一般に仕事の世界では、双方が相手のコミュニケーション・スタイルを理解しているかどうかということより、もっと重大な意味を持つ事実がある。それは、権限を持っている人は、自分と同じ言語スタイルの部下を厚遇する傾向が強いということだ。それは、誰もが自分の言語スタイルが拠って立つロジックこそが正しいと考える傾向があるからにほかならない。したがって、上司は直接的な表現で指示を出すことが期待される米国の職場では、間接的な言い回しで部下に命令すると、自信がないと見なされるおそれがある。

権限のある人は、自分と同じような言語スタイルで話す人を厚遇する傾向がある。

全国誌の女性編集長が部下に仕事を命じているケースを考えてみよう。彼女は部下に指示を出す時、質問形式で話す傾向があった。たとえば、「Yさんと一緒に、Xプロジェクトをやるのはどう」とか、「Xプロジェクトに加わってもらいたいんだけど、大丈夫かな」といった具合だ。

このスタイルは彼女の部下たちにはうまく働いた。部下たちはこの編集長の下で楽しく働いており、仕事は効率と秩序を保ちながら進められた。しかしこの編集長は、年度半ばの評価面談の際に、上司から、部下に接する態度が適切ではないと苦言を呈されたのだった。

どんな職場でも、上司は、どのような立ち居振る舞いが適切かについて、自分と同じ判断をするよう部下に強いる力を持っている。言語スタイルも立ち居振る舞いの一つだ。だとすれば、米国ではほとんどの場合、上司は直接的な言葉で部下に命令してもかまわないということになりそうだ。しかし、上司が間接的なスタイルを取ることもある。

ある小売店の女性オーナーが、部下である店長に、あることを命じた。店長はやりますと答えたが、一週間経ってもやっていなかった。後日、彼らはその行き違いの原因が、自分たちが交わした会話にあったことに気づいた。

オーナーは店長にこう言っていた。「経理担当者に請求業務のサポートが必要のようです。あなたが彼女を手伝うということを考えてくれる?」。それに対して店長は「わかりました」と答えた。このやりとりは明瞭で、どこにも問題なさそうに見える。だがのちに、両者がこの単純なやりとりをまったく別の意味に解釈していたことが明らかになった。

オーナーは店長が、「わかりました、私が経理担当者を手伝います」と答えたと解釈していた。一方の店長は、「いいですよ、経理担当者を手伝えるかどうか考えてみます」と答えたつもりだった。実際、彼は手伝えるかどうかを考え、そのうえで、自分には他にやるべき仕事があるので請求業務の手助けはすべきでない、という結論に達していたのだった。

オーナーにとって、「彼女を手伝うということを考えてくれる?」と言えば、「経理担当者の請求業務を手伝ってください」という業務命令を伝える完璧な方法だった。しかし、命令はズバリと言うべきだと考える人は、このような言い回しは回りくどく、誤解を引き起こすおそれがあると考える。他方、このスタイルを自然に感じる人は、オーナーの言葉使いは間接的でも何でもなく、ていねいさと敬意を保った明確な指示だと考えるだろう。

5. The Power of Talk : Who Gets Heard and Why

この例がビジネスの世界での典型的なケースと異なるのは、間接的な話し方をするのが上司の側だったということだ。そのため、部下である店長が、自分をオーナーの言語スタイルに合わせる必要があった。女性オーナーはいまも同じような言い方で指示を出しているが、店長は彼女が何を言わんとしているのかを理解している。

だが米国のビジネスの文脈では、上位の人ほど直接的な言語スタイルを取るのが一般的なので、権限を持つ女性の多くが、上司から態度が適切でないと指摘され、自分に自信がないと判断されるリスクを抱えている。

最善のコミュニケーションのために何が必要か

私はよく、相手に耳の痛いことを伝える最善の方法は何か、命令する時の最善の方法は何か、と尋ねられる。言い換えれば、人とコミュニケーションする時の最善の方法は何か、という質問だ。

最善の方法はない、というのが私の答えだ。ある話し方がもたらす結果は、その時の状況、企業文化、会話当事者の相対的な地位、言語スタイル、およびそれらのスタイルの相互作用によってさまざまに異なるからだ。これらすべての要因によって、ある状況下でのある人に対するコミュニケーションとしては完璧な話し方が、別の状況下での別の人に対しては悲惨な結末を招く話し方になってしまうかもしれない。

マネジャーにとって重要なスキルは、言語スタイルの仕組みと影響力を認識し、価値ある貢献をしてくれる部下の声を正しくくみ取ることである。

たとえば、型にはまらない自由な形式で会議を行えば、全員が等しく発言できると思えるかもしれない。しかし、会話スタイルの違いを考慮すると、必ずしもそうではないことがわかる。大勢のなかでも自然に話せる人、わずかな沈黙があれば（あるいはまったくなくても）発言できる人、あるいは指名されなくても声を出せるような人は、会議で意見を通せる可能性が高い。逆に、前の人が完全に話し終わるまで発言を控える人、指名されないと発言できない人、常に他の人の発言に関連づけて意見を述べようとする人は、同じ会話スタイルの人ばかりが集まる会議なら問題ないが、そうでなければ意見を言うのに苦労するだろう。

男の子と女の子の典型的な社会化のパターンを、前述の会議での発言スタイルに当てはめると、男性は前者のスタイル、女性は後者のスタイルを学習しながら成人するということができる。つまり、女性より男性のほうが、会議という場を居心地よく感じている可能性が高い。

一対一のディスカッションや、女性だけのグループでは積極的に発言する女性が、男性の割合が多いミーティングではほとんど発言しないということも珍しくない。一方で、男性の間で多く見られるスタイルで話す女性もいるが、その場合は過度に攻撃的な性格と見なされる別のリスクがある。

言語スタイルのダイナミクスを理解しているマネジャーは、部下全員の考えに耳を傾け、しかるべき承認を与える方法を工夫することができる。あらゆる状況に適した万能の方法はないが、会話スタイルが持つ意味を理解しているマネジャーは、会議を主催する場合でも参加する場合でも、部下に対するメンタリングやキャリア支援を行う場合でも、あるいは人事評価の面談でも、相手や状況に合わせて柔軟に対応することができる。

話すことと聞くことは、マネジメントに血を通わせる重要な要素である。同じことを言うにしても、話し方は人によって千差万別であることを理解していれば、さまざまな言語スタイルの人材を活用することができる。

職場が文化的に多様化し、ビジネスがグローバル化した現在、マネジャーはこれまで以上に部下の発言の意味と気持ちを正しく読み取り、相手に合わせて自分のスタイルを柔軟に調整できるようにならなくてはならない。

デボラ・タネン（Deborah Tannen）
ジョージタウン大学教授。専門はコミュニケーション論、社会言語学。著書に『どうして男は、そんな言い方 なんで女は、あんな話し方――男と女の会話スタイル9 to 5』（講談社）など多数。本稿は同書の抄録訳である。

5. The Power of Talk : Who Gets Heard and Why

6

カリスマ性が強すぎると評価が下がり、成果も上がらない

ジャスミン・ベルガウヴェ
Jasmine Vergauwe

バート・ウィル
Bart Wille

ユーリ・ホフマンズ
Joeri Hofmans

ロバート・B・カイザー
Robert B. Kaiser

フィリップ・デ・フリート
Filip De Fruyt

"Too Much Charisma Can Make Leaders Look Less Effective,"
HBR.ORG, September 26, 2017.

カリスマ性に結びつく性格特性は、たしかに存在する

これまで、カリスマ的リーダーはリーダーとして優れていると考えられていた。カリスマ的なリーダーには、部下を鼓舞して立派な仕事をさせる力があり、献身や信頼や満足感を植えつける力がある。それによって部下は、カリスマ性のあるリーダーのほうが、カリスマ性のないリーダーより仕事ができ、有能なリーダーだと感じるのである。(注1)

しかし、私たちの研究から、適度なカリスマ性は必要だし重要でもあるが、強すぎるカリスマ性は、リーダーとしての効果を阻害する可能性があることが判明した。

世界各国のビジネスリーダー一八〇〇人(調査対象者)と、その上司、同僚、部下の約七五〇〇人(観察者)の協力を得て、三つの研究を実施した。マネジメントの階層としては、グループリーダーからゼネラルマネジャーまで、さまざまなレベルの人が含まれている。

まず、カリスマ性とは何かを理解することが重要である。伝統的な考え方では、カリスマ性は個人の性格特性ではなく、受け手の感じ方だとされていた。(注2)

しかし、ある人物についてカリスマ性の評価を行うと、複数の人の評価が一致する傾向があ

6. Too Much Charisma Can Make Leaders Look Less Effective

る。その事実が、カリスマ性は受け手の感じ方だけで決まるのではなく、当人にカリスマ性につながるパーソナリティの基盤があることを示している。(注3)

私たちの一つ目の研究は、カリスマ性につながる性格特性を見極めることを狙いとしたものである。

まず、仕事に関連した性格特性評価のツールであるホーガン・ディベロップメント・サーベイ（ＨＤＳ）を使って、調査対象者に自己評価をしてもらった。

ＨＤＳは、「大胆」（bold）、「カラフル」（colorful）、「遊び心」（mischievous）、「想像豊か」（imaginative）という四つの性格特性をカリスマ特性と位置づけ、このスコアが高い人はカリスマ性があるとしている。四つの特性はそれぞれ、自信、強い印象、限界に挑む姿勢、先見性豊かな思考となって表れる。

私たちは、ＨＤＳがカリスマ特性と位置づける四つの性格特性が、本当にカリスマ的パーソナリティの指標と見なせるのかを確認することにした。

対象者のうち二〇四人をサンプルとして、観察者による三六〇度評価を行ったところ、ＨＤＳでカリスマ特性が高かった対象者は部下からもカリスマ性があると認識されており、これら四つの性格特性は、カリスマ的パーソナリティと見なせることが確認できた。

さらに、一九九八年から蓄積されている一五六人のサンプルデータを用いて調査した結果、対象者の行動のなかに、HDSでのカリスマ特性の高さを予測できるカリスマ的行動が存在することも確認できた。たとえば、エネルギッシュで、自己主張が強く、熱意をかき立てるような行動が、それに該当する。(注4)

カリスマ性はないと困るが、ありすぎるのも問題である

二つ目の研究では、カリスマ的性格特性とリーダーとしての効果（成果や全般的な仕事ぶり）の関係を調べた。三〇六人のリーダーを調査対象者（六五％が男性）とし、対象者と同じ職場で仕事をしている四三四五人が観察者となった（内訳は上司六六六人、同僚一六五九人、部下二〇二〇人）。

観察者による三六〇度評価を行い、対象者のリーダー効果を一〇点満点で評価してもらう形である（段階は、五が適切、一〇が傑出している）。調査対象者一人につき、平均一四人の観

察者の回答を得たことになる。

その結果、事前の予想通り、ＨＤＳでカリスマ特性が高いとされたリーダーは、観察者によるリーダー効果評価も高かった。ただし――ここが重要なのだが――その直線的な相関は、カリスマ特性がある一定のレベルに達すると変化した。

カリスマ性スコアが六〇パーセンタイル（仕事に就いている全成人の平均スコアをわずかに超えるポイント）の付近に変曲点があり、それを超えると、カリスマ性スコアが上がるにつれて観察者による効果性評価が低下し始めた。この傾向は、三つの観察者グループ（部下、同僚、上司）のすべてに共通していた。

他方、調査対象者に自分のリーダーとしての効果性を自己評価してもらったところ、カリスマ的性格特性の高いリーダーほど、自分の効果性を高く評価していた。そこには観察者による評価のような変曲点はなく、直線的な正の相関関係だけが確認された。

このような自己評価と観察者評価の間に生じる乖離は、自尊心の高いリーダーは自分のパフォーマンスを過大評価する傾向があることを示す他の研究の結果とも一致する。(注5)

カリスマ性が強いリーダーは業務遂行面でつまずく

三つ目の研究では、リーダーの行動を見ることで、カリスマ的パーソナリティがリーダーの有効性に及ぼす影響を説明できるかどうかを検証した。まず、二八七人の対象者（八一％が男性）にカリスマ性を自己採点してもらい、そのうえで、それぞれにつき平均一一人の観察者（上司、同僚、部下）にリーダーの有効性を評価してもらった。

それに加えて、観察者にはリーダーが取り組むべき二つの次元の行動を示し、それぞれについて対象者の行動を評価してもらった。下記がその二つの次元だ。

①対人行動の次元：どういう方法で指導力を発揮しているか（「強制」対「権限付与」）。
②組織活動の次元：何に対して指導力を発揮しているか（「戦略的行動」対「業務遂行面での行動」）。

その結果、①対人行動の次元ではカリスマ性と指導スタイルの間に有意な関係を見出すことはできなかったが、②組織活動の次元では、カリスマ性の強いリーダーは、観察者からは、業務遂行より戦略的行動に強く関与していると認識されていることがわかった。

さて、このことから、カリスマ性が強すぎるリーダーが周囲からは有効性を低く評価されるという傾向（二つ目の研究で判明した傾向）を説明できるだろうか。

考えられる一つの説明は、望ましい特徴（つまりカリスマ性）がもたらすマイナスの影響が、やがてプラスの効果を上回ってしまうというものである。そこで私たちは、カリスマ性がある一定レベルを超えると、業務遂行面での行動の欠如がもたらすコストが、戦略的行動によってもたらされるメリットを上回るのではないか、という仮説を立てた。

そして研究の結果、まさにその通りであることがわかった。カリスマ性の強いリーダーは野心的な戦略的行動で成果を上げるが、それは日々の適切な業務遂行を犠牲にした成果であって、そのことがやがて、リーダーの有効性についての周囲の評価を引き下げていたのである。

たとえば、カリスマ性が非常に強いリーダーは、掲げた戦略的ビジョンを実現するために必要な日常業務を滞らせたり、タスクを完了させるための方法論を確立できずにいたり、といった問題が起こっていた。

カリスマ性のレベルが低いリーダーの場合は、その逆で、戦略的な行動が不足しているために効果が低いことがわかった。たとえば、長期的なプランニング、大局的視野に立った判断、現状維持を克服するための取り組み、イノベーションの促進などが不足していた。

カリスマ性の危険に自覚的であれ

以上三つの研究から導くことのできる実践上の教訓は、リーダーは、カリスマ性の強さがもたらしているかもしれない自分の欠点に自覚的でなければならない、ということである。

どこに「適度なカリスマ性」と「強すぎるカリスマ性」の境界があるのかを見極めるのは難しいが、いくつかのカリスマ特性のなかには、たしかにリーダーとしての効果に影響を与えるものがあり、注意が必要だ。

たとえば、カリスマ性の強いリーダーの場合、「自信」という特性が過信や自己陶酔につながったり、「リスク耐性」や「説得力」が、不健全な人心操作的行動となって表れたりするかもしれない。

さらに、カリスマ性の強いリーダーの「熱狂的」で「魅力的」な性格は、自分に注目を集めるための行動となり、組織の意識をミッションから逸らせてしまう可能性がある。「創造性」も度を越すと、空想的で常軌を逸した思考や行動に陥る危険性がある。

最適なレベルを超えるカリスマ性を有するリーダーにとっては、業務遂行面での行動の強化、正しい自己認識、自己規律の改善などを促すコーチングや教育プログラムが役に立つ。上司や部下や同僚から、自らのリーダーとしての有効性について意見を聞かせてもらうことも、自己認識と他者認識のギャップを知るうえで有効である。

対照的に、カリスマ性の低いリーダーにとっては、戦略的行動を強化するコーチングプログラムが有効だ。

要するに、リーダーのカリスマ性は強ければ強いほどよいというものではない、ということだ。強すぎるカリスマ性は問題を引き起こす。

私たちの研究結果から言えることは、強すぎるカリスマ性が失敗するのは、たとえば、自己中心的行動に走るといった、対人行動の次元で想定できる問題が理由ではなく、組織運営上の次元、特に業務遂行面での行動の欠如に起因する場合が多いということである。

最後に、私たちの一連の研究は、カリスマ性とマネジメント効果の関係に影響を与える可能性のある状況的要因を考慮していないことを断っておきたい。たとえば、低ストレス環境のような特定の条件下では、カリスマ性とその効果は、この研究が明らかにした結果より直線的になる可能性がある（もしそうなら、カリスマ性は強ければ強いほどよいということになる）。

望ましいカリスマ性と望ましくないカリスマ性を分ける具体的な諸条件については、さらなる研究が必要である(注6)。

＊　＊　＊

いずれにせよ、ごく一般的なビジネス環境、特にリーダーシップの真価が問われるような環境というのは、高ストレスで高プレッシャーであることがむしろ「普通」だと考えており、その意味では、「良いものも多すぎると逆効果」という結論には、ほぼ普遍的な妥当性があると考えている。

ジャスミン・ベルガウヴェ（Jasmine Vergauwe）
ゲント大学発達・人格・社会心理学科博士候補。パーソナリティ特性、パーソナリティ障害、パーソナリティ評価、リーダーシップを研究テーマとする。

バート・ウィル（Bart Wille）
アントワープ大学（ベルギー）トレーニング・教育科学部助教授。専門能力開発、戦略的人材開発、キャリアマネジメント、人と環境の適合を研究。

ユーリ・ホフマンズ（Joeri Hofmans）
ブリュッセル自由大学准教授。労働心理学と組織心理学を担当。人物・組織マッチング予測の人事テクノロジー企業Twegosの共同創業者でもある。

ロバート・B・カイザー（Robert B. Kaiser）
カイザー・リーダーシップ・ソリューションズ社長。エグゼクティブ・ディベロップメント、エグゼクティブ・アセスメント、人材分析の分野で豊富な経験を持つ。

フィリップ・デ・フリート（Filip De Fruyt）
ゲント大学発達・人格・社会心理学科主任教授。研究分野はパーソナリティ特性、パーソナリティ障害、異文化パーソナリティ、応用パーソナリティ心理学。

and S. T. Menon, "Charismatic Leadership and Follower Effects," *Journal of Organizational Behavior* 21 (2000): 747-767.

2) J. A. Conger et al., "Charismatic Leadership and Follower Effects," *Journal of Organizational Behavior* 21 (2000): 747-767.

3) J. J. Sosik, "Self-Other Agreement on Charismatic Leadership," *Group and Organization Management* 26, no. 4 (2001).

4) L. R. Goldberg, "The Eugene-Springfield Community Sample." *ORI Technical Report* 48, no. 1 (2008).

5) T. A. Judge, J. A. LePine, and B. L. Rich, "Loving Your-self Abundantly: Relationship of Narcissistic Personality to Self-and Other Perceptions of Workplace Deviance, Leader ship and Task and Contextual Performance," *Journal of Applied Psychology* 91, no. 4 (2006): 762-776.

6) J. R. Pierce and H. Aguinis, "The Too-Much-of-a-Good-Thing Effect in Management." *Journal of Management* 39, no. 2 (2013).

2. リーダーとして最初に考えるべきこと

1） Ram Charan, Stephen Drotter, and James Noel, *The Leadership Pipeline: How to Build the Leadership Powered Company*, Jossey-Bass, 2000.（邦訳『リーダーを育てる会社・つぶす会社』英治出版、2004年）

2） Daniel Goleman, Richard Boyatzis, and Annie McKee, *Primal Leadership, With a New Preface by the Authors: Unleashing the Power of Emotional Intelligence*, Harvard Business Review Press, 2013.（邦訳『EQリーダーシップ：成功する人の「こころの知能指数」の活かし方』日本経済新聞出版、2002年）

3） Clayton M. Christensen, "How Will You Measure Your Life?" *Harvard Business Review*, July-August 2010.（邦訳「プロフェッショナル人生論」『DIAMONDハーバード・ビジネス・レビュー』2011年3月号）

4. 温かいリーダーか、強いリーダーか

1） A. J. C. Cuddy, P. Glick, and A. Beninger, "The Dynamics of Warmth and Competence Judgments, and Their Outcomes in Organizations," *Research in Organizational Behavior* 31 (2011): 73-98.

2） M. van't Wout and A. G. Sanfey, "Friend or Foe: The Effect of Implicit Trustworthiness Judgments in Social Decision-Making," *Cognition* 108, no. 3 (2008): 796-803.

5. 言語スタイルと話し方で関係性は大きく変わる

1） L. Heatherington et al., "Two Investigations of 'Female Modesty' in Achievement Situations," *Sex Roles* 29, no. 11 (1993): 739-754.

2） J. Holmes, "Compliments and Compliment Responses in New Zealand English," *Anthropological Linguistics* 28, no. 4 (1986): 485-508.

3） K. Tracy and E. Eisenberg, "Giving Criticism: A Multiple Goals Case Study," *Research and Social Interaction* 24, no. 1 (1990/1991): 37-70.

4） C. Linde, "The Quantitative Study of Communicative Success: Politeness and Accidents in Aviation Discourse," *Language in Society* 17, no. 3 (1988): 375-399.

6. カリスマ性が強すぎると評価が下がり、成果も上がらない

1） B. Shamir, R. J. House, and M. B. Arthur, "The Motivational Effects of Charismatic Leadership: A Self-Concept Based Theory," *Organization Science* 4, no. 4 (1993); T. Dvir et al., "Impact of Transformational Leadership on Follower Development and Performance: A Field Experiment," *Academy of Management Journal* 45, no. 4 (2002): 735-744; and J. A. Conger, R. N. Kanungo.,

『Harvard Business Review』（HBR）とは

ハーバード・ビジネス・スクールの教育理念に基づいて、1922年、同校の機関誌として創刊され、エグゼクティブに愛読されてきたマネジメント誌。また、日本などアジア圏、ドイツなど欧州圏、中東、南米などでローカルに展開、世界中のビジネスリーダーやプロフェッショナルに愛読されている。

『DIAMONDハーバード・ビジネス・レビュー』（DHBR）とは

HBR誌の日本語版として、米国以外では世界で最も早く、1976年に創刊。「社会を変えようとする意志を持ったリーダーのための雑誌」として、毎号HBR論文と日本オリジナルの記事を組み合わせ、時宜に合ったテーマを特集として掲載。多くの経営者やコンサルタント、若手リーダー層から支持され、また企業の管理職研修や企業内大学、ビジネススクールの教材としても利用されている。

佐々木常夫（ささき・つねお）

佐々木常夫マネージメント・リサーチ代表
秋田市生まれ。1963年秋田高校卒。69年東京大学経済学部卒業後、東レ株式会社に入社。繊維事業企画管理部長、プラスチック企画管理部長、経営企画室長などを経て、2001年東レ取締役、03年（株）東レ経営研究所社長。10年から（株）佐々木常夫マネージメント・リサーチ代表取締役。

自閉症の長男を含む3人の子どもの世話と肝臓病とうつ病に罹り40回以上の入院を繰り返す妻の世話に忙殺される状況の中でも仕事への情熱を捨てず、さまざまな事業改革に全力で取り組む。東レ3代の社長に仕えた経験から独特の経営観を持つ。

内閣府男女共同参画会議議員や経団連理事、東京都の男女平等参画審議会の会長、大阪大学法学部客員教授などの公職も歴任。

著書に『ビッグツリー』『そうか、君は課長になったのか』『働く君に贈る25の言葉』（以上、WAVE出版）、『50歳からの生き方』（海竜社）「リーダーの教養」（ポプラ社）『40歳を過ぎたら働き方を変えなさい』（文響社）などのベストセラーがあり発行部数は180万部を超える。

2011年ビジネス書最優秀著者賞を受賞。「ワーク・ライフ・バランス」のシンボル的存在と言われている。

オフィシャルWEBサイト　http://sasakitsuneo.jp/

ハーバード・ビジネス・レビュー［EIシリーズ］
人の上に立つということ

2021年11月30日　第1刷発行

編　者――ハーバード・ビジネス・レビュー編集部
訳　者――DIAMONDハーバード・ビジネス・レビュー編集部
発行所――ダイヤモンド社
〒150-8409　東京都渋谷区神宮前6-12-17
https://www.diamond.co.jp/
電話／03･5778･7228（編集）　03･5778･7240（販売）

ブックデザイン―コバヤシタケシ
製作進行――ダイヤモンド・グラフィック社
印刷――――勇進印刷（本文）・加藤文明社（カバー）
製本――――ブックアート
編集担当――前澤ひろみ

ISBN 978-4-478-11278-6